LEO WAIBEL
ALS FORSCHER UND PLANER IN BRASILIEN

ERDKUNDLICHES WISSEN

SCHRIFTENREIHE FÜR FORSCHUNG UND PRAXIS
HERAUSGEGEBEN VON GERD KOHLHEPP, ADOLF LAIDLMAIR
UND EMIL MEYNEN

HEFT 71

GEOGRAPHISCHE ZEITSCHRIFT · BEIHEFTE

FRANZ STEINER VERLAG WIESBADEN GMBH
STUTTGART 1984

LEO WAIBEL
ALS FORSCHER UND PLANER
IN BRASILIEN

VIER BEITRÄGE
AUS DER FORSCHUNGSTÄTIGKEIT 1947–1950
IN ÜBERSETZUNG

HERAUSGEGEBEN VON

GOTTFRIED PFEIFER UND GERD KOHLHEPP

MIT 5 FIGUREN UND 1 TAFEL

FRANZ STEINER VERLAG WIESBADEN GMBH
STUTTGART 1984

Zuschriften, die die Schriftenreihe „Erdkundliches Wissen" betreffen, erbeten an:
Prof. Dr. E. Meynen, Langenbergweg 82, D-5300 Bonn 2
oder
Prof. Dr. A. Leidlmair, Kaponsweg 17, A-6065 Thaur/Tirol

CIP-Kurztitelaufnahme der Deutschen Bibliothek
Waibel, Leo:
Leo Waibel als Forscher und Planer in Brasilien : 4 Beitr. aus d. Forschungstätigkeit 1947 – 1950 in Übers. / [Leo Waibel]. Hrsg. von Gottfried Pfeifer u. Gerd Kohlhepp. – Stuttgart : Steiner-Verlag-Wiesbaden, 1984.
  (Erdkundliches Wissen ; H. 71)
  ISBN 3-515-04137-0
NE: Pfeifer, Gottfried [Hrsg.]; HST; GT

Alle Rechte vorbehalten
Ohne ausdrückliche Genehmigung des Verlages ist es auch nicht gestattet, das Werk oder einzelne Teile daraus nachzudrucken oder auf photomechanischem Wege (Photokopie, Mikrokopie usw.) zu vervielfältigen. Gedruckt mit Unterstützung der Deutschen Forschungsgemeinschaft. © 1984 by Franz Steiner Verlag Wiesbaden GmbH, Stuttgart.
Printed in Germany

INHALTSVERZEICHNIS

Gottfried Pfeifer: Einführung 7

Die Beiträge von Leo Waibel:

1. Vegetation und Landnutzung auf dem
   Planalto Central 9
2. Die Grundlagen der europäischen Kolonisation
   in Südbrasilien 33
3. Die Pionierzonen Brasiliens 77
4. Was ich in Brasilien lernte 105

Schriftenverzeichnis von Leo Waibel 118

Publikationsnachweise 124

EINFÜHRUNG

Aus der Emigration in den Vereinigten Staaten wurde Leo Waibel nach Kriegsende als „Technical Advisor" an den Conselho Nacional de Geografia in Rio de Janeiro berufen (1946–1950). Waibel folgte dem Ruf gern. War es doch ein alter Wunsch von ihm, Brasilien, das größte von einer überwiegend weißen Bevölkerung besiedelte Tropenland, kennenzulernen. Seine Tätigkeit in Brasilien ist in deutscher Sprache bisher nur unvollständig dokumentiert worden. 1971 erschien in Heft 36 der „Heidelberger Geographische Arbeiten" im Zusammenhang mit Vorträgen und Diskussionen des „Symposium zur Agrargeographie" anläßlich des 80. Geburtstags von Leo Waibel am 22. Februar 1968 der Beitrag „Was ich in Brasilien lernte" (S. 103–113). Die Arbeit „Die europäische Kolonisation Südbrasiliens" erschien in erweiterter Form und mit einem Vorwort von G. Pfeifer versehen 1955 im „Colloquium Geographicum" 4 (152 S.) in Bonn. Nicht in deutscher Sprache dagegen erschienen sind seine Originalarbeiten in der „Revista Brasileira de Geografia" (auch zusammengefaßt in der Gedenkveröffentlichung „Capítulos de Geografia Tropical e do Brasil" im Instituto Brasileiro de Geografia e Estatistica, herausgegeben von Orlando Valverde). Einige Arbeiten hat Leo Waibel in „Geographical Review" in englischer Sprache zum Druck gebracht. Hierüber orientiert die Bibliographie am Ende dieses Bandes.

Eine posthume, nochmalige Publikation, zu der der Autor nicht noch einmal selbst Stellung nehmen kann, wirft immer Probleme auf. Die Feldarbeiten und die schriftliche Ausarbeitung liegen nahezu 40 Jahre zurück. Sie sind in vieler Beziehung Dokumente zur Kenntnis der historischen Entwicklung Brasiliens, die bereits dadurch ihren Wert behalten werden. Zugleich sind die Beiträge für die deutsche Geographie Belege über die Methoden und die Arbeitsweise eines der bedeutendsten deutschen Geographen. Es gibt neben dem wissenschaftlichen Interesse auch eine moralische Verpflichtung, das Werk dieses bedeutendsten Forschers, den die nationalsozialistische Verfolgung aus Deutschland vertrieben hatte, bekanntzumachen.

Ganz besonders gelten die angedeuteten Probleme der posthumen Veröffentlichung für den Aufsatz „Die Pionierzonen Brasiliens". Waibel selbst konnte an diesen Beitrag nicht mehr selbst letzte Hand anlegen. Sein Schüler Orlando Valverde hat ihn nach seinem Tode veröffentlicht. Angesichts der ungeheuren Dynamik in den siedlungsgeographischen Vorgängen der letzten Jahrzehnte in Brasilien sind die Tatsachen, nicht aber die methodische Sicht als historisch zu betrachten. Gerd Kohlhepp plant demnächst im Rahmen einer Veröffentlichung zu dem gleichen Thema die Gedanken Waibels methodisch weiterzuführen, inhaltlich zu aktualisieren und die heutigen Prozeßabläufe in ihre historische Perspektive zu setzen.

Leo Waibel hat als Forscher, Lehrer und Planer, der mit wissenschaftlicher Grundlagenforschung bei einer Institution mit Beratungsfunktion für die Regierung

Leitlinien für die zukünftige Raumordnung setzte, eine außerordentliche Wirkung in Brasilien erzielt. Nilo Bernardes rechnet noch 1982 in seiner Abschiedsrede auf der Latin American Regional Conference der International Geographical Union in Rio de Janeiro von der Ankunft Waibels in Brasilien eine neue Periode in der Entwicklung der noch jungen Geographie des Landes (IGU Bull. vol. XXXIII, 1983, S. 12ff.). Diese Wirkung war nur durch die klare Arbeitsprogrammierung Waibels möglich. Er erkannte bald, daß für Brasilien nicht so sehr regionale Studien konventionellen Musters notwendig wären, sondern die gezielte Inangriffnahme gewisser, für die wirtschaftliche und soziale Struktur des Landes entscheidender Probleme. Diese aber konnten nur durch geographische Feldarbeit ermittelt, schärfer präzisiert und der Lösung näher geführt werden. Waibel konzentrierte daher die Arbeit auf zwei übergeordnete Fragengruppen: die Probleme der Bodennutzung und die Kolonisation mit europäischen Siedlern. Voraussetzung für die Erfassung des Naturpotentials war die Ermittlung der Vegetationstypen und deren räumliche Verbreitung. Als ein Hauptproblem erkannte er die Stellung der „campos", der „limpos", „sujos" und vor allem der „cerrados" und des „cerradão". Waren diese Typen und ihre Verbreitung als autochthon anzunehmen oder waren sie wirklich nach brasilianischer Tradition nur zur Weidewirtschaft geeignet oder konnten sie auch landbaulich genutzt werden? Das brasilianische Dogma: Landbau ist nur im Walde, auf den campos ist nur die Viehzucht möglich, hatte die Bevölkerungsverteilung und die ökonomische und sozio-politische Struktur Brasiliens entscheidend und im Gesamten negativ beeinflußt. Hier Aufhellung zu schaffen, war ein erstes Gebot. Waibel wurde ein Bahnbrecher der Befürwortung der Inwertsetzung des landbaulichen Potentials der campos und das bedeutete von nahezu 50 % der verfügbaren Fläche Brasiliens.

Mit den Problemen der europäischen Kolonisation waren die Formen der Landnutzung eng verbunden. Diese waren in der bisherigen Literatur des Landes stiefmütterlich behandelt. Sie mußten zunächst erforscht und klassifiziert und in ihrer räumlichen Verbreitung erfaßt werden. Erschreckend war die Verbreitung primitiver Landbauformen. Dies galt zu seinem Erstaunen nicht nur für die einheimische, sondern auch die europäischen Siedlungsgebiete der Kolonisten. Hier traf er auch für die Entwicklung unzuträgliche organisatorische Verhältnisse. Er konzipierte Grundsätze für die Einrichtung von Kolonisationsgebieten, die ihn auch zugleich als Sozialgeographen erkennen lassen.

In ihrer Gesamtheit haben die Aufsätze unsere Kenntnis des Landes und der besonderen Problematik seiner Entwicklungspotentiale bereichert. Die Beiträge zeugen von den Arbeitsmethoden und der wissenschaftlichen Denkweise Leo Waibels, dessen Stimme in Deutschland leider zu früh zum Schweigen gebracht wurde.

Gottfried Pfeifer

VEGETATION UND LANDNUTZUNG AUF DEM PLANALTO CENTRAL

1946 und 1947 führte ich zwei Exkursionen auf das Zentralbrasilianische Hochland (Planalto Central) durch. Bei der ersten war es meine Absicht, Kolonisationsprobleme zu studieren; bei der zweiten unternahm ich gemeinsam mit einer Gruppe junger brasilianischer Geographen Studien über einen geeigneten Standort für die neue Hauptstadt Brasiliens. Während beider Exkursionen widmete ich der Vegetation besondere Aufmerksamkeit, von der ja großenteils die Siedlungsmöglichkeiten abhängen. Auf der ersten Reise hielt ich es für verhältnismäßig leicht, die Physognomie der Vegetation zu studieren, war aber dadurch sehr benachteiligt, daß ich die botanische Zusammensetzung der verschiedenen beobachteten Vegetationsformationen nicht kannte. Zur zweiten Reise nahmen wir jedoch einen erfahrenen Botaniker mit, Herrn *João Evangelista de Oliveira,* den Beauftragten für das Herbarium des Botanischen Gartens von Belo Horizonte. Ihm verdanken wir viel für seinen Beitrag zu unseren Beobachtungen über die Vegetation.

DIE VORHERIGE KENNTNIS DER VEGETATION

Der erste wissenschaftliche Bericht über den Planalto Central wurde von der sogenannten Kommission Cruls ausgearbeitet, die vom Kongreß ausgesandt wurde, um nach einem Standort für die neue Landeshauptstadt zu suchen. In diesem Bericht[1] gab der Botaniker Ernst Ule eine kurze Beschreibung der Flora der verschiedenen topographischen Elemente des Planalto Central (Chapaden, Täler, Serras etc.). Soviel ich weiß, ist dies der einzige Artikel, der sich besonders mit der Vegetation dieses Gebietes befaßt.

Es gibt zwei klassische Arbeiten allgemeiner Art, die die Vegetation des Planalto behandeln, aber leider sind sie außerhalb Brasiliens wenig bekannt. 1819 besuchte der französische Botaniker Auguste de Saint-Hilaire den Staat Minas Gerais und den südlichen Teil des Staates Goiás und beschrieb deren Natur und Kultur in einer brillanten Art und Weise, die klar von Alexander von Humboldt beeinflußt ist.[2] Dennoch übertraf Saint-Hilaire, was die Beobachtungen und Ideen über die natürliche Vegetation und ihre Veränderung durch menschliche Eingriffe anbetrifft, Humboldt um vieles. 1831 veröffentlichte er einen besonderen Artikel über dieses Thema[3] und erklärte, daß in gerodeten Waldgebieten Sekundärwälder verschiedener

---

1 L. Cruls: Comissão Exploradora do Planalto Central do Brasil. Relatório apresentado a S. Ex. o Sr. Ministro da Indústria, Viação e Obras Públicas. Rio de Janeiro, 1894, S. 339–365.

2 Voyage aux sources du Rio de S. Francisco et dans la province de Goyaz. Bd. 1, Paris 1847; Bd. 2, 1848.

3 Tableau de la végétation primitive dans la province de Minas Gerais. Annales des Sciences Naturelles. Bd. 24, Paris 1931, S. 64–83.

Stadien vorkommen und daß sie, wenn die Brandrodung weitergeführt wird, künstlichen Campos Raum geben und, wenn sie unberührt bleiben, sich wieder in Wald verwandeln. Auguste de Saint-Hilaire schuf den Ausdruck „natürliche Vegetation"[4] und er ist der eigentliche Autor der Lehre von der Pflanzenfolge. Wie anders wäre die Geschichte der Pflanzengeographie und der Kulturgeographie verlaufen, wenn seine Ideen nicht vollkommen in Vergessenheit geraten wären.

Völlig verschieden ist dagegen die zweite Arbeit des dänischen Botanikers und Pflanzenökologen Eugen Warming über die Lagoa Santa. Dies ist eine Lokalität (berühmt in der Paläontologie) am Oberlauf des Rio das Velhas, eines Nebenflusses des Rio São Francisco, ungefähr 30 km von Belo Horizonte entfernt. Hier studierte Eugen Warming von 1863 bis 1866 die Vegetation eines kleinen Gebietes von 170 km^2 und widmete der Ökologie der Pflanzen, ihrem Verhältnis zu Boden und Grundwasser, dem Einfluß des Feuers auf das Pflanzenleben etc., besondere Aufmerksamkeit[5]. Obwohl Lagoa Santa außerhalb des Planalto Central liegt, ist die dortige Vegetation und das Klima diesem so ähnlich, daß die klassische Arbeit von Warming eine unentbehrliche Quelle für jegliches Studium der Vegetation des Zentralbrasilianischen Hochlands ist.

TOPOGRAPHIE UND KLIMA

Unter Planalto Central verstehen die brasilianischen Geographen jenen Teil der hochgelegenen Gebiete Zentralbrasiliens, der zwischen dem São Francisco im Osten, dem Rio Grande (Nebenfluß des Paraná) im Süden und dem Araguaia (Zufluß des Tocantins, eines Nebenflusses des Amazonas) im Westen gelegen ist. Im Norden ist die Grenze schwierig zu ziehen. Im großen Ganzen können wir sagen, daß die 500m-Höhenlinie das Amazonasbecken im Norden vom Planalto Central im Süden trennt. Diese Linie verläuft im oberen Tocantins-Becken mehr oder weniger in Ost-West-Richtung entlang 13° südlicher Breite. Zwischen diesen Grenzen nimmt der Planalto Central die südliche Hälfte des Staates Goiás, den westlichen Zipfel des Staates Minas Gerais (den sog. Triângulo Mineiro, zwischen dem Rio Grande und dem Paranaíba), das Hochland im Westen des Beckens des São Francisco im Staate Minas Gerais und die Wasserscheide zwischen São Francisco und Tocantins im extremen Westen des Staates Bahia ein.

Obwohl der Planalto Central die Wasserscheide zwischen Amazonasbecken im Norden und Paranábecken im Süden bildet, ist seine Hauptrichtung nicht Ost-West, wie zu erwarten wäre, sondern Nord-Süd. Die höchsten Erhebungen befinden sich

---

4 Par végétation primitive j'entends celle qui n'a été modifiée par aucun des travaux de l'homme. ibidem, S. 64.

5 Lagoa Santa. Et Bidrag til den biologiske Plantegeografi. Kgl. Danske Videnskap. Selsk. Skrifter, Naturvidenskab. og Math. Afd. Ser. 6, Vol. 6, 1890–92, S. 153–488. Kjbenhaven, 1892. Mit einer Zusammenfassung in Französisch durch den Autor auf den Seiten 455–488. Die Arbeit wurde durch Alberto Loefgren ins Portugiesische übersetzt und 1908 in Belo Horizonte veröffentlicht.

im Norden, wo die Chapada dos Veadeiros Höhen von mehr als 1 300 m erreicht. Im Süden befinden sich die höchsten Punkte auf der Wasserscheide zwischen dem São Francisco und dem Paranaíba in der Serra da Mata da Corda, einem Plateau von ungefähr 1 000 – 1 100 m Höhe. Die Wasserscheide, die sich von Osten nach Westen zwischen den Becken des Amazonas und des Paraná erstreckt, gipfelt nordöstlich des Eisenbahnendpunktes Anápolis in der isolierten Serra dos Pirineus, die eine Höhe von 1 380 m erreicht und sich etwa 300 m über den benachbarten Planalto erhebt. Im Westen wird die Wasserscheide beträchtlich niedriger und liegt nicht mehr als 900 m hoch.

Die vorherrschende Topographie des Planalto Central ist die eines horizontalen, flachen Gebietes, das mich sehr an das zentrale Hochland Südafrikas erinnerte: derselbe kreisförmige Horizont, dieselbe niedrige und spärliche Vegetation, die es dem Blick erlaubt, unendliche Entfernungen zu durchstreifen. Man kann ganz deutlich zwei Niveaus unterscheiden. Ein höheres mit etwa 1 000 bis 1 100 m bildet die Wasserscheide zwischen den Flußläufen; oftmals sind sie fast horizontal und zeigen kein Zeichen von Erosion. Diese flachen Rücken werden „chapadas" genannt, wenn sie sich zwischen kleineren Flüssen erstrecken, und „chapadões", wenn sie die Wasserscheiden zwischen den Hauptflüssen bilden. Chapadas und chapadões sind durch breite, flache Täler voneinander getrennt, die in Höhen zwischen 700 und 900 m das zweite Niveau der Landschaft des Planalto bilden. Während bei den chapadas die konvexen Formen vorherrschen, überwiegen die konkaven in den Tälern, in langen Hängen, die sich sanft von den Rändern der Wasserscheiden bis zu den Talsohlen der Flüsse und Bäche hinabsenken.

Geologisch ist der Planalto Central viel komplexer als nach seiner einfachen Topographie zu erwarten wäre.[6] Allgemein gesprochen handelt es sich um zwei geologische Stockwerke. Ein tieferes, das aus kristallinen und metamorphen Gesteinen zusammengesetzt ist (Gneisen, schieferartigen Gesteinen und Schiefern), sowie aus Quarziten, Tonschiefer und Kalken des Algonkium und des Silur, die häufig stark gestört und mehr oder weniger stark gefaltet sind. Diese alte Basis ist von einer Schicht mesozoischer Sedimente, hauptsächlich Tonschiefer und Sandsteinen, bedeckt, die in manchen Gebieten mit Schichten vulkanischer Effusivgesteine wechseln. Die Formationen des zweiten geologischen Niveaus dehnen sich mehr oder weniger horizontal aus und bedecken folglich große Flächen; sie haben eine Dicke von einigen Zehnern bis zu einigen Hunderten von Metern und bilden regelrechte Tafeln. Da das vorherrschende Grundgestein dieser Tafeln aus Sandsteinen gebildet wird, sind die Böden im allgemeinen sandig und arm und tragen eine offene Vegetation. In einigen Gebieten sind die Böden jedoch aus vulkanischen Gesteinen entstanden, und dort sind die chapadões dann von Wald bedeckt.

Aber nicht alle chapadões sind Tafeln! Oft werden die chapadões vom Grundgebirge gebildet, das durch eine Rumpffläche gekappt wird, die von weitem gesehen

---

6 Das beste Resumé, das wir von der Geologie des Planalto Central haben, ist in „Geologia do Brasil" von Avelino Ignacio de Oliveira und Othon Henry Leonardos, 2. Aufl. Rio de Janeiro, 1943.

genau einer Tafel ähnelt. Mit anderen Worten stellen die chapadas und chapadões des Planalto Central eine Peneplain dar, die von der alten Basis bis zur mesozoischen Decke streicht. Falls die jüngsten Sedimente des Planalto kretazischen Alters sind, können wir nur sagen, daß die Peneplain post-kretazisch, wahrscheinlich tertiär, ist.

Die Annahme, daß die Oberfläche der chapadas und chapadões eine alte Peneplain darstellt, wird durch die Tatsache erhärtet, daß sie von Oberflächenbildungen wie Sanden, Schotter- und Kiesschichten und auch durch das allgemeine Vorkommen von eisenhaltigen Konkretionen bedeckt ist, die eine Lateritkruste bilden, die „canga" genannt wird. Die canga überzieht ungeheure Flächen gefalteter Quarzite, Tonschiefer und Schiefer, und ihre einige Meter dicke Kruste bildet dieselbe flache und glatte Oberfläche, die für die mesozoischen Tafeln charakteristisch ist. Es gibt auch canga-Ablagerungen auf den mesozoischen Tafeln, aber sie sind dort allgemein weniger verbreitet, als auf den algonkischen und silurischen Formationen. Die canga ist in der Mehrzahl der Fälle ein alter, fossiler Boden, der heute durch Erosion und Denudation zerstört wird. Es gibt jedoch andere Stellen, an denen die Bildung der canga rezent ist.

Die canga, wie auch die anderen Oberflächenbildungen, sind sehr durchlässig und absorbieren die gesamten Niederschläge. Ich sah niemals irgendein Anzeichen des „run-off" auf einer chapada. Man hat hier ein zweifaches Ergebnis: erstens schützen diese Oberflächenbildungen die alte Peneplain gegen Denudation und Erosion und tragen zu ihrer Erhaltung bei. Zweitens sammelt sich unter der Bodendecke und den Oberflächenbildungen und über dem Urgestein das Sickerwasser und bildet in einer Tiefe von 10–20 m unter der Oberfläche den Grundwasserhorizont. Dies ist einer der wichtigsten Aspekte des Planalto Central. Er wird an der Oberfläche der chapadas durch viele kleine und randvolle Seen und an den Talhängen durch unzählige Quellen belegt.

Das Klima des Planalto Central wird von Köppen als „Savannenklima" klassifiziert. Es nimmt eine Zwischenstellung ein und besitzt einen Übergangscharakter zwischen dem äquatorialen Klima im Norden und dem subtropischen Klima im Süden. Im Sommer bewegen sich die instabilen und aufsteigenden Luftmassen der äquatorialen Kalmenzonen nach Süden und bringen von Oktober bis März starke Regen mit sich. Im Winter jedoch ziehen stabile Luftmassen vom subtropischen Hochdruckgebiet nach Norden und sind für die lange Trockenzeit verantwortlich, die zwischen Mai und September vorherrscht.

Die registrierten Daten dreier meteorologischer Stationen dienen der Darstellung der klimatischen Verhältnisse des Planalto Central. Von diesen Stationen liegen

Stationen	Höhe in m	Breite	Länge	Beobachtungszeitraum Niederschlag	Temperatur
Pirenópolis	750	15°51'	48°58'	1913–42	1934–41
Catalão	840	18°10'	47°58'	1912–42	1923–28
Uberaba	760	19°44'	47°55'	1914–38	1914–21 1935–39

Pirenópolis und Catalão im Süden von Goiás, während Uberaba im Triângulo Mineiro im Staate Minas Gerais liegt.

Folgende Temperaturen wurden gemessen (in °C):

	Pirenópolis	Catalão	Uberaba
Januar	22,5	22,1	22,7
Februar	22,3	22,1	22,7
März	22,3	22,1	22,6
April	22,1	21,7	21,8
Mai	20,8	19,9	19,5
Juni	19,3	19,1	18,4
Juli	19,5	17,9	19,6
August	21,7	20,2	19,9
September	24,1	22,6	22,4
Oktober	23,9	22,6	22,9
November	23,0	22,4	22,8
Dezember	22,7	22,2	22,7
Jahresmittel	22,4	21,2	21,4

In Übereinstimmung mit diesen Temperaturverhältnissen kann der Planalto Central als „tierra templada" klassifiziert werden. Die Sommer sind heiß, die Winter angenehm frisch, besonders nachts. Fröste scheinen praktisch unbekannt zu sein.

Folgende Niederschläge wurden verzeichnet (in mm):

	Pirenópolis	Catalão	Uberaba
Januar	281	318	284
Februar	260	260	244
März	238	239	224
April	128	98	105
Mai	33	23	35
Juni	3	9	24
Juli	6	8	12
August	7	5	13
September	53	57	62
Oktober	153	138	138
November	233	244	208
Dezember	288	368	294
Jahr	1 683	1 767	1 643

Es scheint, daß die Temperatur- und Niederschlagsverhältnisse auf dem gesamten Planalto Central sehr gleichartig sind, eine Tatsache, die zweifellos mit der gleichförmigen Topographie zusammenhängt. Der Jahreszeitencharakter des Klimas wird durch die Verteilung der Niederschläge viel klarer als durch die Temperatur ausgedrückt. Die Regenzeit beginnt im September mit schweren Gewittern, erreicht ihr Intensitätsmaximum im November und dehnt sich bis März aus. Die Niederschlagsmenge verringert sich im April beträchtlich. Von Mai bis August streicht der SE-Passat über den Planalto Central, und der Himmel bedeckt sich fast alle Tage mit Strato-Cumulus-Wolken. Aber während der vier Monate von Mai bis August gibt es fast überhaupt keine Niederschläge und im September nicht viel.

Die lange Trockenzeit ist – nach den Lehrbüchern – der Hauptgrund dafür, daß es bei diesem Klimatyp außer an den Flußläufen keinen Wald gibt. Es tritt in diesem Falle eine offene Campos-Vegetation mit verstreuten Bäumen auf: die sog. Savanne. In Wirklichkeit ist die Vegetation des Planalto Central davon sehr verschieden und stimmt absolut nicht mit dem Schema von Köppen überein.

VEGETATION

Es gibt auf dem Planalto Central zwei Haupttypen der Vegetation: den Wald und den Campo. Diese beiden Typen unterscheiden sich nicht nur hinsichtlich ihres Erscheinungsbildes und ihrer botanischen Zusammensetzung, sondern auch bezüglich ihrer Ansprüche sowohl an die Böden, als auch an die Grundwasserverhältnisse. Wald und Campo sind mehr als Vegetationsformen, sie sind von den Böden abhängig. Es gibt verschiedene Arten Waldböden, so wie es sie auch bei den Campoböden gibt. Bei der Klassifikation dieser Böden folge ich der Terminologie der Fazendeiros, bevor ich versuche, sie nach Begriffen der allgemeinen Pflanzengeographie zu klassifizieren.

Ich möchte die Tatsache hervorheben, daß alle meine Beobachtungen während des Höhepunkts der Trockenzeit (1946 und 1947) in den Monaten Juli, August und in der ersten Hälfte September gemacht wurden.

„WALD DER ERSTEN KLASSE"

Die Wälder dieses Typs haben den besten Boden auf dem Planalto Central. Sie setzen sich aus drei Stockwerken zusammen. Das höchste Stockwerk besteht aus Bäumen von 20–30 m Höhe, die ein Blättergewölbe bilden. Fast alle der höchsten Bäume verlieren ihre Blätter. Das zweite Stockwerk besteht aus Bäumen von 5–15 m Höhe; diese behalten alle ihre Blätter, obwohl das Blattwerk bemerkenswert spärlich ist. Die dritte Stufe wird von Sträuchern und Gräsern von 1–2 m Höhe gebildet; ihre Blätter sind noch grün und voll Saft. Einige Lianen verbinden die verschiedenen Stockwerke miteinander, und es gibt sogar einige Epiphyten von baumartigem Wuchs.

Die vorherrschenden Bäume sind: jatoba (Hymenaea sp., Caesalpiniaceae), die sog. „spanische Zeder" (Cedrela sp., Meliaceae), peroba (Aspidosperma sp., Apocynaceae), paineira (Chorisia sp., Bombacaceae), tamboril (Enterolobium sp., Leguminosae) etc. Ihre geraden, säulenartigen, dünnrindigen und aschfarbenen Stämme erinnern an die Bäume des sog. Regenwaldes; ich beobachtete jedoch sehr wenige sapopembas, die im höchsten äquatorialen Regenwald so verbreitet sind. Unter den Palmen ist die schlanke und hohe guariroba (Cocos sp.) sehr häufig. Infolge des relativ dünnen Blattgewölbes dringt ein mildes und diffuses Licht auf den Boden des Waldes und erlaubt die Entwicklung von Sträuchern und verschiedenen Gräsern. Unter letzteren ist eine Art Bambus von ungefähr 1–2 m Höhe besonders verbreitet, dessen grüne Blätter während der Trockenzeit dem Vieh als Nahrung dienen; die Fazendeiros nennen sie „papua". Zwischen den grünen Gräsern und den Sträuchern ist der Waldboden am Ende der Trockenzeit von einer Schicht trockener Blätter bedeckt, die aus dem Geäst der höchsten Bäume herabgefallen sind.

Diese Schicht trockener Blätter ist vielleicht das charakteristische Phänomen dieser Wälder. Dadurch kann auch das Feuer am Ende der Trockenzeit leicht in den Wald eindringen und eine sehr verderbliche Wirkung auf das Pflanzen- und Tierleben ausüben. Nach den Informationen von Dr. Saião, dem Direktor der Colônia Agrícola Nacional, dringt das Feuer bis zu den entferntesten Teilen dieser Wälder vor, zerstört die natürliche Vegetation und ist die Ursache eines Sekundärwaldes, der reich an hohem Bambus ist und dem, der in den aufgelassenen Rodungen wächst, sehr ähnelt.

Diese Wälder der ersten Klasse kommen nur auf ausgezeichneten Böden vor, auf der berühmten terra roxa und anderen sehr fruchtbaren Böden, wie zerreibbaren roten Lehmen, die reich an Humus sind und selbst während der Trockenzeit eine große Menge Wasser speichern. Man findet diesen Bodentyp in drei isolierten Gebieten: in der Serra da Mata da Corda, auf der Wasserscheide zwischen den Flüssen São Francisco und Paranaíba, im Triângulo Mineiro und im sog. „Mato Grosso" von Goiás (siehe Fig. 1).

Die Flächen dieser Wälder betragen 5 000, 18 000 und 20 000 km^2.

In den drei Waldgebieten stammt der fruchtbare Boden von basischen Gesteinen: vulkanischem Tuff im Mata da Corda, effusiven Basalt- und Diabaslagen – dem sog. Trapp – im Triângulo Mineiro und intrusiven Gesteinen, wie Gabbro, Diorit, etc. im „Mato Grosso" von Goiás.

Topographisch ist der Mata da Corda ein chapadão von 1 000 – 1 100 m Höhe; der Trapp des Triângulo bildet entlang der Flußläufe Terrassen in Höhen, die zwischen 500 und 800 m schwanken, während es im „Mato Grosso" von Goiás verschiedene zerschnittene Niveaus in Höhen zwischen 1000 m im Osten und 600 m im Westen gibt. Weder Topographie noch Klima sind für die Entwicklung und die Verteilung dieser Wälder hauptsächlich verantwortlich, sondern die geologische Grundlage und die fruchtbaren, aus basischen Gesteinen entstandenen Böden. Die Steigungsregen, die in vielen Savannengebieten Wälder an den Luvhängen der Gebirge hervorbringen, sind ohne Frage wichtig.

Die drei großen Waldgebiete unterscheiden sich klar auf einer Bevölkerungskarte: dort liegt die ländliche Bevölkerungsdichte zwischen 7 und 15 Bewohnern pro km^2, während auf den zwischen den Wäldern gelegenen Campoböden die Dichte auf 1–2 Bewohner pro km^2 sinkt.

Die verhältnismäßig hohe Bevölkerungsdichte in den Waldgebieten hängt natür-

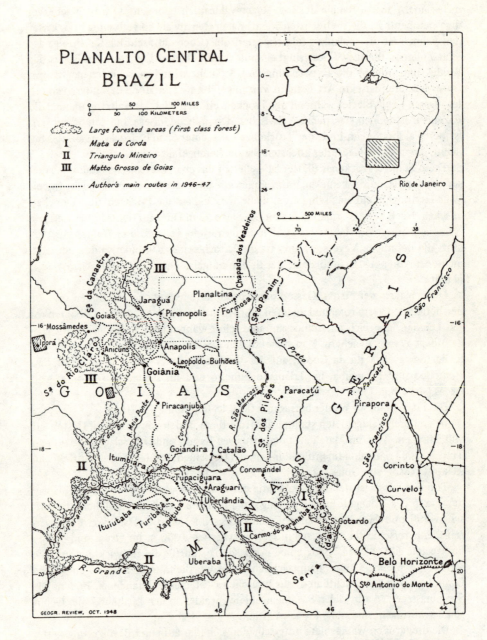

Fig. 1: Hauptverbreitungsgebiete des Waldes „erster Klasse" auf dem Planalto Central. Das punktierte Rechteck auf der Hauptkarte zeigt die Region, in der der Standort der neuen Hauptstadt Brasiliens liegen soll.

lich mit dem fruchtbaren Boden zusammen, der die Aufteilung des Landes in kleine Besitzstücke ermöglicht, die mit anspruchsvollen Kulturen wie Mais, (Berg-) Reis, Zuckerrohr, Kaffee etc. intensiv bebaut werden können. Das Vordringen der Eisenbahnlinie von Uberlândia und Anápolis zwischen 1920 und 1930 verursachte eine Pionierbewegung, die sehr aktiv im „Mato Grosso" von Goiás und auf den Trappböden des Triângulo Mineiro ist. Im Mata da Corda, weit entfernt von jeder Eisenbahnlinie, wurde jedoch das Latifundiensystem bewahrt. Die Bodenpreise stiegen in den letzten Jahren außerordentlich; vor 10 oder 15 Jahren war 1 alqueire (4,8 ha) der besten Waldböden 400 oder 500 Cruzeiros wert; heute betragen die Preise das Zehnfache, d.h. etwa 4 000 — 5 000 Cruzeiros im „Mato Grosso" und im Triângulo Mineiro.

„WALD DER ZWEITEN KLASSE"

Außer diesen Wäldern der ersten Kategorie kann man einen zweiten Waldtyp beobachten, den die Fazendeiros als den der „zweiten Klasse" bezeichnen. Für den Fazendeiro besteht der Hauptunterschied zwischen den beiden Waldtypen in den Bodenverhältnissen. Der Boden des Waldes der zweiten Klasse wird für weniger fruchtbar, weniger tief, ärmer an Humus und außerdem für fast vollkommen trocken während der Trockenzeit gehalten. Deswegen wird dieser Waldtyp „Trockenwald" genannt.

Unsere Beobachtungen bestätigen diese Erfahrungen der Fazendeiros. Der Trockenwald kommt offensichtlich niemals auf terra roxa vor. Der vorherrschende Boden ist ein sandiger roter Lehm mit einer dunklen Humusdecke, der offensichtlich weniger zerreibbar als der Boden des Waldes erster Klasse und ziemlich trocken in der Trockenzeit ist.

Im „Mato Grosso" von Goiás kommen die Wälder zweiter Klasse auf den Wasserscheiden und in den Waldrandgebieten vor. Im Triângulo Mineiro beobachteten wir sie östlich von Tupaciguará in einer Höhe von 800 bis fast 1 000 m, an den Hängen hoch über den Trappterrassen, auf Böden, die von roten, tonreichen Sandsteinen stammen. Im Mata da Corda können wir die beiden Waldtypen nicht unterscheiden; dort sind genauere Beobachtungen notwendig.

Die Wälder zweiter Klasse treten in zahlreichen kleinen Flecken innerhalb der Campogebiete in den Quellmulden der Bäche auf, wo Schuttfließen und Quellerosion flache Depressionen bilden, die in deutsch Dellen genannt werden. Die Wälder, die diese Dellen bedecken, heißen capões und sind richtige Waldinseln inmitten des Campo-Meeres.

Das komplizierte System der Verbreitung von Wald und Campo wird auf dem Katasterplan der Fazenden Boa Vista-Bitácula und Canabrava im Munizip Palmeiras (Süden von Goiás) deutlich (Fig. 2). In den Quellmulden aller Bäche treten längliche Waldinseln oder capões auf; aber weiter abwärts stellen sich Galeriewälder ein. Am Oberlauf des Canabrava-Baches, der von Süden nach Norden läuft (in der linken unteren Ecke der Karte), dehnt sich der Wald vom Fluß nach Westen aus, über den

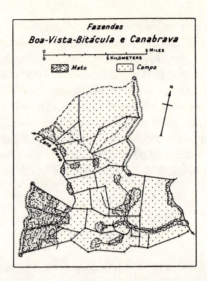

Fig. 2: Plan der Fazendas Boa Vista – Bitácula und Canabrava, Munizip Palmeiras, Süd-Goiás.

Hang bis zur Wasserscheide, die sich in etwa 4–6 km Entfernung befindet. Dies ist kein Galeriewald mehr, sondern ein sehr verbreiteter Waldtyp, der sog. „mata da encosta" (Hang-Wald).

Die botanische Zusammensetzung des Waldes zweiter Klasse scheint dieselbe wie die der Klasse 1 zu sein. Sehr häufig sind auch jatobá, Zeder (Cedrela), peroba, paineira etc. Aber es kommen andere Bäume vor, die offensichtlich im Wald der Klasse 2 verbreiteter sind als in dem erster Klasse, z.B.: angico (piptadenia sp., Mimosaceae), aroeira (Schinus sp., Anacardiaceae), canela (Nectandra sp., Lairaceae), óleo vermelho (Copahyba sp., Caesalpiniaceae), sucupira vermelha (Bowdichia sp., Papilionaceae) etc.

Während im ersten Waldtyp sich die höchsten Bäume in 25–30 m Höhe ausrichten, erreichen sie im Wald der zweiten Kategorie nur 15–20 m. Außerdem ist beim zweiten Typ das Stockwerk der Bäume weniger dicht, das Blätterdach ist offener, und infolgedessen können die Sonnenstrahlen den Boden leichter erreichen. Daher sind die Gramineen und Cyperaceen hier zahlreicher, und der Unterwuchs scheint dichter.

Der größte Unterschied zwischen den beiden Waldtypen besteht im Blätterwerk. Während im Wald erster Klasse in der Trockenzeit nur etwa 10 % der hohen Bäume laufabwerfend sind, beobachteten wir in einigen Wäldern des zweiten Typs bis etwa $^1/_3$ der höchsten Bäume ohne Blätter. Zur selben Zeit, in der einige Bäume kahl waren, veränderten die Blätter anderer Bäume ihre Farbe, und dies gab diesen tropischen Wäldern den farbigen Aspekt eines Waldes der gemäßigten Zone im Herbst. Gegen Ende der Trockenzeit ist der Waldboden mit trockenen Blättern bedeckt, und jede Luftbewegung läßt mehr Blätter von den Baumwipfeln herabfallen.

Nach Mitteilungen vieler Fazendeiros erschöpft sich der Boden des Waldes der zweiten Klasse schnell, nachdem er bepflanzt worden ist; darum wird er hauptsächlich als Weide genutzt. Die ursprünglichen Wälder werden abgebrannt, und danach pflanzt man gute Futtergräser wie jaraguá (Andropogon rufus)[7] und capim gordura („fettes Gras") (Melinis minutiflora); besonders letzteres liefert mit seinen grünen Halmen ein ausgezeichnetes Viehfutter, selbst in der Trockenzeit. Diese sog. invernadas (Winterweiden) sind ein sehr charakteristischer Aspekt der Waldgebiete Zentralbrasiliens auf Böden ehemaliger Wälder erster wie auch zweiter Klasse. Meiner Meinung nach gibt es in Brasilien zehnmal mehr gerodete und abgebrannte Waldländereien, die als Weide dienen, als solche, die für den Ackerbau genutzt werden. Es ist ein großer Irrtum, die Viehzucht des Innern Brasiliens ausschließlich mit der offenen campo-Vegetation in Beziehung zu setzen, deren heimische Gräser während der Trockenzeit nur ein sehr ärmliches Futtermittel darstellen.

Der Wald bietet dem Viehfazendeiro nicht nur Winterweiden, sondern auch geeignete Ländereien zum Anbau von Nahrungspflanzen wie Zuckerrohr (dient als Viehfutter und zur Herstellung von Zuckerrohrschnaps), Reis, Mais und Bohnen. Überall auf den offenen Campoländereien liegen die Fazendagebäude, wie auch die ländlichen und städtischen Agglomerationen an den Rändern der großen Wälder, der Galeriewälder oder der capões und niemals inmitten des campo. Der Viehzüchter meidet, im Gegensatz zu dem, was man oftmals liest, den offenen campo und zieht es vor, sich entlang der Waldränder niederzulassen. Dies trifft noch mehr auf den Bauern zu.

Der Katasterplan der Fazenda Tamanduá oder Pindaíba (s. Fig. 3) im Distrikt Iporá des Munizips Goiás (der alten Hauptstadt des Staates) gibt ein klares Bild von den Siedlungen in einem Gebiet, in dem Wald und Campo wechseln. Fast alle Fazenden, wie auch der kleine Ort Iporá, sind am Waldrand gelegen.

Noch überraschender ist die Tatsache, daß selbst bei den schmalen Galeriewäldern die Häuser im allgemeinen nicht am Fluß, sondern in einigen Hundert Meter Entfernung am Rande des Waldes stehen. An den Quellflüssen des Santo Antônio-Baches oder des Meio breiten sich die Wälder über die Wasserscheide hinweg aus und bilden ein ausgedehntes Gebiet von Bergwäldern; dort gibt es einige Häuser, die mitten im Wald nahe den Wasserläufen liegen.

Die Bodenpreise für Wald zweiter Klasse sind niedriger als die für den ersten Typ; z.B. ist im Munizip Anápolis Waldland erster Klasse 4 contos/alqueire wert, während das zweiter Klasse für 3 contos verkauft wird.

Sowohl das Waldland erster wie das zweiter Klasse wird von den Fazendeiros „Kulturland" genannt, weil bis heute in ganz Brasilien sich die Landwirtschaft strikt auf Waldgebiete beschränkt.

Die Gleichsetzung von Wald mit Kulturland geht so weit, daß auf vielen Katasterkarten des Staates Goiás der Wald nicht als solcher klassifiziert ist, sondern als „Anbauland erster oder zweiter Klasse", selbst wenn das Land noch waldbedeckt ist und noch nicht vollständig gerodet wurde.

---

[7] Jaraguá-Gras (Hyparrhenia rufa) (die Hrsg.).

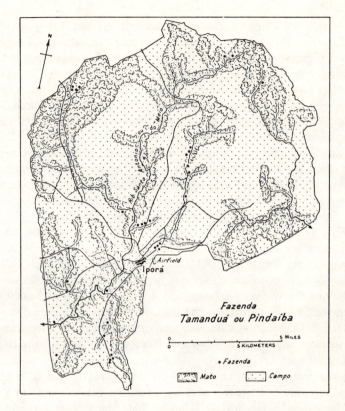

Fig. 3: Plan der Fazenda Tamanduá oder Pindaíba, Distrikt Iporá, Munizip Goiás Velho.

Wie kann man diese beiden Waldtypen klassifizieren? Wie können sie in das System der allgemeinen Pflanzengeographie oder des tropischen Amerika eingeordnet werden?

Von allen Klassifikationen, die ich in der Literatur über das tropische Amerika fand, erinnert der Wald auf der Insel Trinidad, den J.S. Beard als „halbimmergrünen Jahreszeiten-Wald" bezeichnet, am meisten an die Wälder des Planalto Central. Er schreibt: „Die auf das untere Stockwerk begrenzten Arten sind fast alle immergrün, aber diejenigen, die das Blätterdach erreichen, meistens laubabwerfend. Einige sind immergrün mit harten lederartigen Blättern; aber der größte Teil ist wahlweise laubabwerfend, d.h. der Grad des Laubabwerfens variiert je nach der Intensität der Trockenheit. In einem feuchten Jahr kann der Wald seine Blätter praktisch nicht verlieren. In einem trockenen Jahr werden die Baumkronen allmählich lichter, und am Ende einer langen Trockenheit erscheint das Blätterdach aus einer Entfernung von Meilen praktisch seiner Blätter beraubt."[8]

[8] Climax Vegetation in Tropical America, Ecology, Bd. *25*, 1944, S. 139.

Am pazifischen Gebirgsabfall Mittelamerikas sind ähnliche Wälder von amerikanischen Biologen als „halb-laubabwerfend" klassifiziert worden, weil die Bäume nur teilweise ihre Blätter während der trockenen Jahreszeit verlieren. Soviel ich weiß, wurde in Brasilien der Ausdruck „semideciduous forest" (halb-laubabwerfender Wald) nur von dem amerikanischen Geographen Preston James gebraucht. Nach dessen Meinung bedecken die halb-laubabwerfenden Wälder „die Küste des Nordeste, südlich von Kap São Roque; südlich von Salvador nimmt der halb-laubabwerfende Wald den östlichen Rand des Planalto ein bis in den Süden des Staates São Paulo und erstreckt sich sogar entlang des Paraná-Tales noch weiter nach Süden".[9] Unglücklicherweise gibt der Autor keine klare Beschreibung dieser Wälder, noch erwähnt er die Quelle dieser überraschenden Behauptung über deren Verteilung. Die Wälder entlang des Ostrandes des Planalto wurden schon vor langer Zeit verwüstet, und es bedürfte eines sorgfältigen Studiums, um ihren ursprünglichen Zustand zu rekonstruieren. Die breitblättrigen Wälder des Planaltos Südbrasiliens sind bestimmt nicht halb-laufabwerfend, sondern immergrün.

Die halb-laubabwerfenden Wälder des Planalto Central mit seinem kontinentalen Klima unterscheiden sich beträchtlich vom halb-laubabwerfenden Wald des pazifischen Gebirgsabhangs Mittelamerikas. Dort sind die Niederschläge viel höher – an einigen Orten 3 000 mm und mehr – das Pflanzenleben ist üppiger (es gibt viel mehr Lianen und Epiphyten) und die Bäume sind viel höher. In der Republik Panama erreicht der cuipo-Baum (Cavanillesia sp.) eine Höhe von 40–50 m.[10] Folglich würde ich die Wälder der pazifischen Abdachung Mittelamerikas als „halb-laubabwerfende, hohe Wälder" und die des Planalto Central als „halb-laubabwerfende Wälder mittlerer Höhe" klassifizieren. In der Klassifikation von F.W. Schimper werden die halb-laubabwerfenden, hohen Wälder des Pazifikhanges Mittelamerikas als „Monsunwälder" bezeichnet, ein Terminus, der für die Wälder des Planalto Central nicht angewandt werden kann.

CERRADÃO

Zu diesen beiden Waldtypen kommt noch eine dritte, dem Wald ähnliche Vegetationsform, die cerradão genannt wird. Der Ausdruck bedeutet eine Steigerung des Wortes cerrado und bezieht sich auf einen großen, hohen und dichten campo cerrado. Wie es bei allen allgemeinen Namen geschieht, ist die Bedeutung des Wortes cerradão weder sehr klar, noch definiert, in einigen Gegenden bezieht sie sich sogar auf Waldgebiete.

Gonzaga de Campos charakterisiert den cerradão folgendermaßen: „Der cerradão ist ein sehr lichter und spärlicher Wald; die Bäume haben eine geringere Höhe, die im allgemeinen 12–15 m nicht übersteigt. Was sie besonders kennzeichnet, ist der Einschluß von Flecken und Streifen der wirklichen cerrados mit allen ihren Merk-

---

9 „Latin America". – New York, 1942, S. 397.
10 H. Pittier: Our present knowledge of the forest formations of the Isthmus of Panama. Journal of Forestry, Bd. 16, Washington 1918, S. 82.

malen der campo-Formation. Es ist jedoch zuweilen sehr schwierig, die Grenze zwischen Wald und cerrado zu ziehen, die oftmals einen allmählichen und unmerklichen Übergang bildet"[11].

Der cerradão ist höher und dichter als der cerrado, jedoch niedriger und weniger dicht als der Wald. Die Durchschnittshöhe der Bäume im cerradão beträgt 10–15 m, gegenüber 4–8 m auf dem campo cerrado. Wichtiger noch ist die Tatsache, daß die Bäume des cerradão weder von unten an verzweigt, noch gewunden sind, wie im campo cerrado, sondern hochwüchsig mit normalen Stämmen wie die allgemeinen Waldbäume. Es gibt im cerradão viel mehr Schatten als im campo cerrado, aber beträchtlich weniger als in einem Wald. Nach groben Schätzungen werden während des Höhepunktes der Trockenzeit etwa 3 % der Waldböden direkt durch Sonnenstrahlen erreicht. Dieser Prozentsatz beträgt 80–90 % im campo cerrado und 20–30 % im cerradão. Daraus resultiert, daß die Gramineen und Cyperaceen im cerradão viel zahlreicher sind als in den Wäldern.

1946 beobachtete ich etwa 10 km westlich von Goiânia an der Straße nach Trinidade einen cerradão, in dem etwa 70 % aller Bäume für den campo cerrado charakteristisch sind, wie z.B.: pau-terra (Qualea sp.), pau-santo (Kielmeyera sp.), pequi (Caryocar sp.) etc. Die übrigen waren charakteristische Waldbäume, z.B. jacarandá (Machaerium sp., Leguminosae), óleo vermelho (Copahyba sp., Caesalpinaceae), aroeira (Schinus sp., Anacardiaceae), sucupira da mata (Bowdichia sp., Leguminosae) etc.

Als Übergang zwischen Wald und campo cerrado kommen die cerradões entlang der Grenzen der beiden Hauptvegetationstypen vor und bilden mehr oder weniger breite Übergangszonen. In einigen Gebieten, wie westlich von Goiânia z.B., hat der cerradão nur einige hundert Meter Breite und mischt sich bald, einerseits mit dem Wald, andererseits mit dem campo cerrado. An anderen Orten, z.B. westlich von Tupaciguará im Triângulo Mineiro, dehnen sich die cerradões viele Kilometer weit aus.

In den cerradões trifft man nur rote, außerordentlich sandige Böden mit einer dünnen Humusschicht an, was diesen Bodentyp klar der Kategorie der Waldböden zuordnet.

Dazu kommt die Tatsache, daß auf gerodeten und gebrannten cerradão-Böden eine von der ursprünglichen verschiedene Sekundärvegetation wächst, was auf campo cerrado-Böden niemals geschieht.

Eine Bambusart, die eine Graminee zu sein scheint und „cambauva" genannt wird, wächst in dichten und hohen Beständen auf diesen gebrannten cerradões und liefert ein hervorragendes Viehfutter. So ist es nicht überraschend, daß der cerradão für den Anbau genutzt wird und deswegen im Triângulo Mineiro „campo de cultura" (Anbaufläche) genannt wird, ein Ausdruck, der in Brasilien einen Widerspruch in sich selbst einschließt. Selbst Reis (Bergreis) wächst unter gewissen Bedingungen auf cerradão-Land. Sehr verbreitet sind die Ananas-Pflanzungen (abacaxí) im cerradão des Triângulo Mineiro.

11 Mapa florestal do Brasil, Rio de Janeiro, 1926, S. 48.

CAMPO CERRADO

Das Gegenteil vom Wald ist der campo. Der campo ist ein offenes Gebiet, in dem die Vegetationsbedeckung niedriger und weniger dicht als im Wald ist, wo es wenig oder keinen Schatten gibt und das Auge einen endlosen Horizont durchstreift. Die Verkehrsverbindungen in diesem Gebiet sind leicht.

Außer diesen physiognomischen Unterschieden gibt es Verschiedenheiten in der botanischen Zusammensetzung der beiden Hauptvegetationstypen. Dies wurde von Eugen Warming[12] klar gezeigt. Von 147 Pflanzen-Familien, die im Gebiet der Lagoa Santa vorkommen, sind 120 im Wald und 77 auf dem campo vertreten. Und während 37 Pflanzen-Familien in den Wäldern auftreten, sind nur 2 auf die campos beschränkt, und jede von beiden wird nur von einer einzigen Art vertreten. Von 753 Arten der Lagoa Santa kommen nur 82 ausschließlich auf campos vor, während sich 364 auf Wald beschränken. Sehr wenige Pflanzen treten bei beiden Vegetationstypen auf: Wald und campo werden von zwei vollkommen verschiedenen Pflanzenkomplexen gebildet. Die Flora der Wälder ist, obwohl diese nur kleine Flächen einnehmen, sehr viel reicher als die der campos. Nach der Auffassung von Warming hängt dies von zwei Tatsachen ab. Erstens kommen die Wälder auf fruchtbaren und die campos auf armen Böden vor. Zweitens ist die Waldflora älter und einfacher als die der campos. Man könnte vielleicht sagen, daß die Flora der campos eine verarmte Waldflora sei. Aber der Übergang von Wäldern zu campos ist ein geologischer Prozeß und sollte nicht mit menschlicher Einwirkung durcheinander gebracht werden.

Es gibt verschiedene Arten von campos, so wie es verschiedene Waldtypen gibt. Die verbreitetste, interessanteste und charakteristischste Art der offenen Landschaft des Planalto Central ist der sog. campo cerrado. Der Ausdruck bedeutet „eine offene und dichte Landschaft", was ein Widerspruch zu sein scheint.

Der brasilianische campo cerrado war mehr als ein Jahrhundert für die Pflanzengeographen ein richtiges Sorgenkind. Einige Wissenschaftler, wie Eugen Warming, halten den campo cerrado für eine natürliche Klimaxvegetation, während andere, wie der dänische Naturwissenschaftler Wilhelm Peter Lund[13] 1835 und in jüngster Zeit Felix Rawitscher und seine Schüler der Meinung sind, daß der campo cerrado des Staates São Paulo eine veränderte Klimaxvegetation ist, ursprünglich vielleicht ein Wald, der durch periodisches Brennen, Umwandlung in Weide etc., zu dem heutigen campo cerrado degenerierte.

Da sich in Brasilien der menschliche Einfluß von Osten nach Westen, wo die Besiedlung jünger und die Bevölkerungsdichte geringer ist, allmählich verringert, ist zu hoffen, daß die natürliche Vegetation auf dem Planalto Central und noch mehr im Staate Mato Grosso besser erhalten geblieben ist. Dies war einer der Gründe, warum ich 1946 meine Geländearbeit in Brasilien sozusagen aus dem Hinterland heraus, im Staate Goiás begann.

---

12 Lagoa Santa, S. 327.
13 Zit. nach Warming, Lagoa Santa, S. 316.

A) BESCHREIBUNG UND KLASSIFIKATION

„Überblickt man das Land von einem Hügel aus, so hat man den Eindruck, einen zusammenhängenden Wald zu sehen, der Höhen und Tiefen, Hügel und Täler bedeckt. Versucht man, diesen Wald zu betreten, so bemerkt man, daß er vor unseren Schritten zurückweicht. In Wirklichkeit ist man von Bäumen umgeben und dennoch stehen sie so weit auseinander, daß man nicht den Eindruck hat, sich im Wald zu befinden." Mit diesen Worten würde ich den campo cerrado des Planalto Central beschreiben. Ein typischer campo cerrado erscheint von einem Hügel aus gesehen in der Tat wie ein Niederwald. Die Bäume stehen in Abständen, getrennt durch Büsche und Sträucher. Dies ist gewiß kein Wald! Der wichtigste Aspekt eines Waldes ist das Blätterdach und der daraus folgende Schatten auf dem Waldboden. Beim Überfliegen eines Waldes sieht man nie den Boden, während man diesen durch einen campo cerrado durchsieht.

Der campo cerrado ist deswegen auf keinen Fall ein Wald und wurde auch niemals von den Bewohnern des Planalto Central als ein solcher angesehen. Aber der cerrado ist genau so wenig eine Savanne, wie er in der Literatur klassifiziert wurde. Eine Savanne ist grundsätzlich ein Grasland mit verstreuten Bäumen. Während der Trockenzeit, wenn die hohen und dichten Gräser abgebrannt werden, kann man mit dem Wagen quer über eine Savanne in fast alle Richtungen fahren, bis einen ein Galeriewald aufhält. Über einen campo cerrado kann man nur mit einem Pferd (oder zu Fuß) reisen und selbst dies ist manchmal schwierig.

So kam ich zu dem Schluß, daß der cerrado mit seinem Wechsel von Bäumen, Sträuchern und Gräsern weder ein Wald noch ein campo ist, sondern ein Vegetationstyp sui generis, ein Mittelding zwischen Wald und campo. Der Ausdruck campo cerrado, der auf den ersten Blick wie ein Widerspruch in sich selbst klingt, drückt in Wirklichkeit den Vegetationscharakter sehr gut aus und sollte in die Pflanzengeographie eingeführt werden. Weder die Klassifikation des campo cerrado von Eugen Warming als „ein sonniger, schattenloser Wald"[14], noch der Ausdruck von A.F. Schirmer „Savannenwald"[15] geben eine klare Vorstellung vom campo cerrado. In deutsch könnte der campo cerrado als „ein lichtes Gehölz" oder „ein offener Wald" beschrieben werden. Einige französische Autoren haben ihn „camp fourré" genannt, und der englische Ausdruck „broadleaf scrub" (breitblättriges Gestrüpp) ist annehmbar. Dieser Ausdruck „broadleaf scrub" ist nötig, um den cerrado vom australischen „scrub" zu unterscheiden, der eine völlig unterschiedliche Zusammensetzung der Flora hat und bei dem außergewöhnlich große Blätter offensichtlich fehlen. Andererseits ähnelt der brasilianische campo cerrado dem „scrub" Australiens sehr, wie Warming schrieb. Die Beschreibung des campo cerrado, die ich am Anfang dieses Abschnittes gab, ist ein Zitat aus einem Buch über den sog. australischen „bush"[16]. Der Autor fügt hinzu, daß dieser Vegetationstyp in ganz Australien nie-

---

14 Lehrbuch der ökologischen Pflanzengeographie. 2. Aufl., Berlin 1902, S. 276.
15 Pflanzengeographie auf physiologischer Grundlage. 3. Aufl. Neubearbeitet von F.C. v. Faber; Jena 1935, Bd. 1, S. 524.
16 R. Semon: The Australian Bush, London 1899, S. 26.

mals als Wald betrachtet wird; er ist nach seiner Meinung eine typische Parklandschaft. Im Englischen jedoch bezieht sich „park-land", soviel ich weiß, auf eine Landschaft, in der Waldstücke mit Grasland wechseln. Dies ist jedoch beim campo cerrado nicht der Fall, wo Baum- und Strauchgruppen sich mit Grasbüscheln abwechseln.

Die charakteristischen Hauptzüge des brasilianischen campo cerrado sind gut bekannt; die Bäume sind klein und gewunden mit einer in der Form unregelmäßigen Krone; die Rinde ist dick und durch eine Korkschicht geschützt, die Blätter sind lederartig und behaart, es herrscht eine dichte Bedeckung von 1–2 m hohen Gräsern vor etc. Ich hatte über alle diese Dinge gelesen und deshalb waren sie mir sehr vertraut, als ich sie im campo sah. Aber was ich nicht erwartet hatte, waren die außerordentlich großen Blätter vieler Bäume und Sträucher.

Selbst aus der Entfernung war man überrascht über die riesigen Blätter dieser kleinen Bäume. Blätter von Hand- oder sogar Menschenkopfgröße sind keineswegs selten. Diese großen Blätter des campo cerrado verursachen umso mehr Erstaunen, weil in der Nähe, im Wald, die Blätter der Baumkronen sehr klein sind.

Die Blätter der lobeira comum (Solanum sp.) sind, wenn sie vollständig geöffnet sind, tatsächlich von der Größe des menschlichen Kopfes.

Die sog. peroba do campo (Aspidosperma sp., Apocynaceae), ein anderer weit verbreiteter Baum, hat Blätter von 35 cm Länge und 25 cm Breite. Große Blätter besitzen auch lixeira (Curatella americana, Dilleniaceae), ein weiterer sehr verbreiteter Baum des campo cerrado; peroba do campo, pequi (Caryocar sp., Caryocaraceae) und carne de vaca (Roupala sp., Proteaceae).

Die beiden letzteren Bäume sind, obwohl auch verbreitet, weniger bekannt wie die erwähnten anderen Bäume. Es gibt natürlich auch viele Bäume mit kleineren und regelmäßigeren Blättern. Bäume mit winzigen Blättern vom Typ der Akazie sind ebenfalls häufig, so die faveira (Leguminose) mit ihren kleinen Blättchen und ihren großen Bohnen. Aber die Bäume mit übermäßig großen Blättern bilden einen sehr charakteristischen Aspekt des campo cerrado des Planalto Central und stellen ein interessantes Problem dar.

Nach João Evangelista de Oliveira sind die Blätter derselben Bäume des campo cerrado in der Umgebung von Belo Horizonte viel kleiner; sie haben nur ein Drittel oder die Hälfte der Größe derer auf dem Planalto Central. Tatsächlich beobachteten wir 1947 auf unserer Reise von Belo Horizonte nach Westen die ersten großen Blätter etwa 12 km nordwestlich von São Gotardo, auf der Wasserscheide zwischen den Flüssen São Francisco und Paranaíba; der Baum war der sog. mirici (Byrsonima sp., Malpighiaceae). Ich verstehe jetzt, warum E. Warming in seiner sorgfältigen Analyse der Vegetation von Lagoa Santa die großen Blätter einiger Bäume des cerrado nicht erwähnte. Sie sind jedoch durch verschiedene Botaniker für den campo cerrado des Staates Mato Grosso erwähnt worden.[17, 18, 19]

17 Robert Pilger: Beitrag zur Flora von Mato Grosso. – Botanische Lehrbücher für Systematik, Pflanzengeschichte und Pflanzengeographie, Bd. 30, Heft 2; Leipzig 1901, S. 227.
18 F.C. Hoehne: Fitofisionomia do Estado de Mato Grosso. São Paulo 1923, S. 69 (Com. de Linhas Estratégicas de Mato Grosso ão Amazonas, Publ. Nr. 85).

Ein anderes Phänomen bezüglich des Blattwerkes war für mich die überraschende Tatsache, daß fast alle Bäume und Sträucher des cerrado des Planalto Central ihre Blätter bis Anfang August oder bis in die zweite Hälfte der Trockenzeit hinein behalten. Selbst gegen Ende August waren die Blätter vieler Bäume in Gebieten, in denen nicht gebrannt wurde, zwar etwas schlaff und welk, aber noch grün. Es scheint, daß der allgemeine Blattabfall im campo cerrado nicht zu Beginn der ungünstigen Jahreszeit anfängt, wie die Erfahrung in der gemäßigten Zone lehrt, sondern am Ende dieser.

B) DIE ÖKOLOGISCHEN BEDINGUNGEN

Nach meiner Rückkehr von Goiás 1946 fand ich meine Beobachtungen über die Blatterscheinungen des campo cerrado in unerwarteter Weise durch Studien bestätigt und erklärt, die Felix Rawitscher und seine Schüler über die Ökologie der Vegetation im Gebiet von Piraçununga im Nordosten des Staates São Paulo durchführten. Sie entdeckten, daß die breiten und oftmals zarten Blätter dieser Pflanzen, die ihr Blattwerk in der Trockenzeit behalten, eines starken Schutzes gegen die übermäßige Verdunstung entbehren und unbeschränkt während der trockensten Stunden, sogar während des Höhepunktes der Trockenzeit, transpirierten. Sie haben keinen Charakterzug xerophytischen Verhaltens[20].

Felix Rawitscher entdeckte auch die Gründe dieses seltsamen Verhaltens der Pflanzen des cerrado von São Paulo: es ist eine große Wasserreserve, die in dem tief verwitterten Boden selbst während des Höhepunkts der Trockenzeit von 2 m unter der Oberfläche bis 18–20 m, wo der Grundwasserspiegel erreicht wird, existiert.[21, 22] Nur in der obersten Schicht, von der Oberfläche bis in 2–2,5 m Tiefe, trocknet der Boden in der Trockenzeit vollständig aus und dies ist der Grund, warum alle grasartigen Pflanzen und Gräser ausgedörrt und trocken sind. Alle baumartigen und holzigen Pflanzen mit tieferen Wurzeln, von denen einige sogar den Grundwasserspiegel erreichen, haben jedoch während des ganzen Jahres Wasser zur Verfügung. Ihre ökologischen Verhältnisse ähneln einem unterirdischen Sumpf[23] und demnach können sie während des gesamten Jahres transpirieren und dieselben großen Blätter hervorbringen, die für Sumpfpflanzen charakteristisch sind.

---

19 G.O.A.N. Malme: Beiträge zur Kenntnis der Cerrado-Bäume von Mato Grosso. – Arkiv för Botanik, Bd. 18, n⁰. 17. Stockholm 1924, S. 3–4.

20 Mário Guimarães Terri: Transpiração de plantas permanentes dos cerrados. – Bol. Faculdade de Filosofía, Ciências e Letras da Universidade de São Paulo. Botânica n⁰. 4, São Paulo 1944, S. 221.

21 Problemas de fitoecologia com considerações especiais sôbre o Brasil Meridional. – Bol. da Faculdade de Filos., Ciências e Letras da Univ. de São Paulo. Botânica, n⁰. 3, 1 ᵃparte. São Paulo 1942.

22 Ibidem. Botanica, n⁰. 4, 2 ᵃparte. São Paulo 1944.

23 F.K. Rawitscher: The utility of precipitation-effectiveness formulas for plant ecology. – Geographical Review, vol. 37, 1947, S. 252.

Obwohl Rawitscher mit seinen tiefschürfenden Studien die vollkommene Anpassung des Blattwerkes der Bäume des campo cerrado an die natürlichen Verhältnisse gezeigt hatte, ist er der Meinung, daß der campo cerrado von São Paulo keine Klimax-Vegetation, sondern eine Subklimax ist, wahrscheinlich eine „Feuerklimax".

1942 (S. 106) meinte er, daß wir ohne jährliche Brände oder andere Schädigungen Wälder auf diesen Böden hätten. 1944 (S. 147) sagte er nur, daß die wirkliche Klimax-Vegetation auf Grund des Fehlens von entsprechenden Daten und Beobachtungen nicht bestimmt werden kann, und 1947 (S. 253) schrieb er, daß die wirkliche Klimax gewiß nicht in São Paulo, sondern nördlicher und nordöstlicher in den viel trockeneren Gebieten Brasiliens vorkommt. Der campo cerrado von São Paulo „wanderte" in das gegenwärtige Gebiet ein, nachdem die Zerstörung des Regenwaldes den Weg geöffnet hatte.

Zweifellos haben die jährlichen Brände großen Einfluß auf die Physiognomie und die Ökologie des cerrado-Landes. Aber die Frage ist — wie Warming sie gestellt hat — ob das Feuer nur einen sekundären oder verändernden Einfluß hat, oder ob es der entscheidende Faktor bei der Bildung der campos cerrados ist.

Nach meinen Beobachtungen schreibe ich dem Feuer nur eine sekundäre Bedeutung zu, wie Warming es tat. Das Feuer kann den Habitus der Bäume, ihre Rinde, die Wachstumsdichte, die Blütezeit und den Blattfall etc. verändern. Aber „es kann bestimmt nicht die einzigartig großen Blätter einiger Bäume bilden", die in keiner anderen Pflanzengesellschaft des tropischen Amerika vorkommen, ausgenommen Schatten- und Sumpfpflanzen. Diese großen Blätter beweisen meiner Meinung nach deutlich, daß der campo cerrado des Planalto Central eine natürliche Vegetation und kein durch menschlichen Einfluß degenerierter und zerstörter Wald ist. Ich stimme mit E. Warming völlig überein, der in seinem Schlußwort über das Problem sagt: „Die gesamte Vegetation der campos ist in erster Linie ein Ergebnis der Bodenverhältnisse und der Trockenheit des Klimas. Wenn auch die Brände in vielfacher Weise diese Vegetation verändert haben, so ist ihre Wirkung aber sicher weder genügend gleichförmig, noch stark gewesen, um bei dem Gesamtcharakter der Vegetation auf einer Oberfläche von Tausenden von Quadratkilometern allgemeine Veränderungen herbeizuführen". (Lagoa Santa, S. 317).

Ein Faktor, der beweist, daß der campo cerrado des Planalto Central eine ursprüngliche Vegetation ist, sind die Bodenbedingungen. Der Boden des campo cerrado ist von Waldboden sehr verschieden. Die bemerkenswerteste Tatsache ist, daß der Humus auf dem cerrado fast fehlt. Seine Böden sind im allgemeinen sandig und mit Sicherheit weniger fruchtbar und trockener als die Waldböden. Sehr häufig bildet sich eine Oberflächenkruste, die den oberen Teil des Bodens festigt, was sowohl mit den jährlichen Bränden, als auch mit der aufsteigenden Bewegung des Kapillarwassers während der Trockenzeit zusammenhängt.

Ziemlich verschieden und verwirrend ist die Farbe der Böden des campo cerrado. In manchen Gebieten sind die Böden rot, wie die der benachbarten Wälder; in anderen sind sie aschgrau, wie sie nie im Walde sind. Zwischen rot und grau gibt es alle Farbübergänge, oftmals unter denselben Oberflächenbedingungen. In der Regel beobachtet man, daß die Vegetation auf roten Böden höher ist als auf grauen. Oft wechselt der Boden jedoch von rot nach grau über kastanienbraun und wieder nach rot, ohne daß man die geringste Änderung der Vegetation bemerkt. In anderen Fällen findet man auf derselben Bodenart verschiedene Vegetationsformen des cerrado. Es wäre nötig, daß die Pflanzensoziologen, Ökologen und Pedologen viele Geländearbeiten durchführen würden, um die komplizierte Beziehung von Boden und Vegetation auf dem Planalto Central zu verstehen.

Das große und grundlegende Problem ist die Frage, ob sich der campo cerrado für den Anbau eignet.

C) DIE LANDNUTZUNG

In ganz Brasilien glauben die Leute, daß die cerrado-Ländereien, wie alle campos, absolut nicht gut sind, daß sie nicht für eine Kultivierung geeignet sind und nur als Weide genutzt werden können. Die Landpreise spiegeln diese Meinung wider. Das cerrado-Land ist im allgemeinen halb so viel wert wie Waldland zweiter Klasse.

Bei der Untersuchung der Gründe dieser Meinung fand ich heraus, daß sie vollständig auf Mutmaßungen und Thesen besteht. Das Hauptargument ist, daß bis heute, durch die gesamte Geschichte Brasiliens hindurch, der Ackerbau auf das Waldland beschränkt worden ist und niemals auf dem campo-Land ausgeübt wurde.

Es besteht kein Zweifel, daß bis heute das campo cerrado-Land vom Ackerbau gemieden wurde, weil noch genügend gutes Waldland verfügbar ist, das bei Anwendung der gegenwärtigen extensiven landwirtschaftlichen Betriebsmethoden gute Ernten hervorbringt. Aber dies bedeutet nicht, daß der campo cerrado unkultivierbar ist und daß er nicht bebaut wird, wenn der Bevölkerungsdruck sich verstärkt, wenn das Waldland geringer wird und wenn intensivere Landnutzungsmethoden angewandt werden.

Die gegenwärtige Situation der Landwirtschaft in Brasilien ähnelt den Verhältnissen, die in Mitteleuropa zu Beginn des Mittelalters vorherrschten. In jener Zeit war die Landwirtschaft in Mitteleuropa auch auf die besten Böden, auf die Lößgebiete, beschränkt, die nach Meinung vieler Wissenschaftler eine offene campo-Vegetation hatten. Die Wälder, die vielleicht 75 % Mitteleuropas bedeckten, wurden gemieden und wurden erst einige Jahrhunderte später kultiviert, als die Bevölkerung beträchtlich angewachsen war.

Ein Lößbauer in Deutschland war um 500 n.Chr. wahrscheinlich der Meinung, daß nur das Kampland bebaut werden könnte und daß die Wälder nur als Weidegebiet für die Schweine dienten. Er wäre ziemlich überrascht, heute zu sehen, wie ehemalige Wälder in fruchtbare Felder und Kunstweiden umgewandelt wurden.

Ich persönlich bin überzeugt, daß in einer nicht sehr fernen Zukunft die besten Bodentypen des campo cerrado des Planalto Central in einer ähnlichen Art kultiviert werden wie die ehemaligen Waldgebiete Mitteleuropas. Dort pflanzt man anspruchsvolle Kulturen wie Weizen und Runkelrüben nur auf den besten Böden, während man auf den weniger fruchtbaren ehemaligen Waldböden weniger anspruchsvolle Kulturen wie Roggen und Kartoffeln anbaut. In letzteren Gebieten sind die landwirtschaftlichen Betriebsmethoden weniger intensiv, und die Bevölkerungsdichte ist geringer als in den sog. „alten und offenen Gebieten" des Löß. Entsprechend werden in Brasilien Kulturpflanzen wie Reis, Zuckerrohr oder Kaffee immer auf ehemaligem Waldland angebaut; Maniok, Bohnen, Baumwolle etc. dagegen auf campo cerrado-Land.

Ich ziehe diese sehr optimistische Schlußfolgerung aus dem, was ich auf dem Planalto Central hörte und beobachtete. An verschiedenen Orten, besonders in Nachbarschaft der Städte, sah ich Felder mit Maniok, Baumwolle, Ananas und Zuckerrohr (für das Vieh) auf typischem cerrado-Land.

Meine Meinung über die landwirtschaftlichen Möglichkeiten des campo cerrado wurde von dem verstorbenen Agronomen Joaquim Carvalho aus Goiânia geteilt. Er glaubte, daß der lehmig-sandige Boden der cerrados kultivierbar sei, wenn man das Brennen einstellen, wenn die Oberflächenkruste durchbrochen und ein Düngemittel wie Phosphat angewandt würde.

Die Landwirtschaft auf cerrado-Land wird — falls gut durchgeführt — die soziale und wirtschaftliche Situation des Planalto Central vollständig verändern. Dazu wäre jedoch eine totale Änderung der landwirtschaftlichen Betriebsmethoden notwendig, ein Wechsel von der Landwechselwirtschaft zur permanenten Landwirtschaft, vom Hackbau zum Pflugbau und vom Landwechsel zum Fruchtwechsel.

CAMPO SUJO

Wenn die Bäume niedriger und seltener werden, verschwindet der cerrado-Charakter des campo, und wir haben eine vorwiegend offene Landschaft vor uns, die campo sujo genannt wird, im Gegensatz zur baumlosen Steppe des campo limpo. In der Terminologie der allgemeinen Pflanzengeographie könnte man den campo sujo Strauchsteppe nennen. Die Gräser im campo sujo sind beträchtlich niedriger als im campo cerrado.

Die Grenze zwischen cerrado und campo sujo tritt zuweilen plötzlich auf, aber in der Mehrzahl der Fälle verzahnen sich beide Vegetationstypen.

Nur einmal beobachtete ich campo sujo-Vegetation auf roter Erde. In der Regel sind die Böden aschgrau, eben und oft steinig. Die verhärtete Oberflächenkruste ist hier sogar stärker entwickelt als auf cerrado-Land. All dies scheint anzuzeigen, daß die Böden des campo sujo ärmer als die des cerrado sind und daß der campo sujo eine verarmte cerrado-Vegetation darstellt.

Es gibt jedoch auch andere Typen der campo sujo-Vegetation. In der Nachbarschaft der Mehrzahl der Eisenbahnstationen des Planalto Central werden sämtliche höheren Bäume des cerrado gefällt, um Brennholz für die Lokomotiven zu liefern. Daraus resultiert ein künstlicher, von Menschen angelegter campo sujo, der sich z.B. in einem Radius von ungefähr 30 km südlich von Uberlândia und westlich von Araguari ausdehnt.

CAMPO LIMPO

Auf dem ärmsten und trockensten Boden erscheint der campo limpo, der in der Terminologie der allgemeinen Pflanzengeographie als Steppe klassifiziert werden muß. Hier sind niedrige Grasbüschel die vorherrschende Vegetationsform. Dazwischen wachsen hier und dort in weiten Abständen ein verkümmerter Baum oder ein Zwergstrauch. Diese Pflanzen verbergen sich dicht am Boden, bilden gleichsam ein großes Kissen und bedecken einen Quadratmeter oder mehr. Es ist sehr überraschend, diese anspruchslosen Lebensformen, die so charakteristisch für Halbwüsten sind, in dem semi-humiden Klima des Planalto Central zu sehen.

1946 beobachtete ich in Süd-Goiás campo sujo und campo limpo-Bildungen nur auf den höchsten Punkten der chapadões, und ich war geneigt, die Theorie zu akzeptieren, nach der die starken Winde, die während der Trockenzeit über diese ebenen Chapaden streichen, der Hauptgrund dafür sind, daß diese chapadões baumlos sind. Nachdem ich jedoch 1947 den Hochwald auf den chapadões des Mata da Corta sah, konnte ich diese Theorie nicht mehr vertreten. Es scheint außer jedem Zweifel zu stehen, daß der arme und trockene Boden der Hauptgrund der Seltenheit oder des Fehlens der Bäume auf den campos sujos und limpos ist.

Von beiden Faktoren scheint der Wassermangel der wichtigste zu sein. Wie wir wissen, ist die Cangakruste sehr arm an mineralischen Nährstoffen für Pflanzen, aber sie absorbiert Wasser und konserviert eine gewisse Menge davon in ihren zahlreichen kleinen Höhlungen. Aus diesem Grunde erhält sie eine niedrige cerrado-Vegetation, während die Hänge, wo das Wasser schnell abfließt, nur von Gräsern bestanden sind.

Campo sujo und campo limpo haben die ärmsten Ländereien des Planalto Central. Sie sind wahrscheinlich für den Ackerbau ungeeignet und haben einen geringen Wert für die Viehzucht. In Wirklichkeit sind sie unbewohnt und bilden edaphische Wüsten.

SCHLUSSBEMERKUNGEN

Was für eine Verschiedenheit an Vegetationsformen haben wir auf dem Planalto Central! Innerhalb weniger Quadratkilometer und unter denselben klimatischen Verhältnissen kann man hier halblaubabwerfende Hochwälder, sowie Wälder mittlerer Höhe, cerradões mit Übergangscharakter, campos cerrados mit vielen niedrigen Bäumen, den offeneren campo und den baumlosen campo limpo beobachten. Der Unterschied in der Vegetation hängt hauptsächlich von Bodenunterschieden, von den Grundwasserverhältnissen und schließlich von dem Material des Muttergesteins ab.

Die Böden des Planalto Central mit seiner alten Topographie sind reife Böden. Aber sie besitzen nicht jene große Gleichförmigkeit, die wir nach der Lehre von der klimatischen Abhängigkeit der Böden bei einem gleichförmigen Klima erwarten sollten.

Es gibt noch eine andere Tatsache, die nicht mit dem allgemein angewandten Schema übereinstimmt. Obwohl das Klima des Planalto Central von Köppen und seinen Nachfolgern als Savannenklima klassifiziert wurde, gibt es hier wenige oder keine natürliche Savannen. Eine Savanne besteht aus hohen Gräsern und verstreuten Bäumen; die Gräser dominieren absolut. Einige Landschaften ähneln sehr einer Savanne, stellen aber wahrscheinlich einen verkümmerten campo cerrado dar. In anderen Fällen beobachtete ich ähnliche Landschaften mit weitaus mehr verstreuten Bäumen, die ich als Savannen klassifizieren würde. Die Mehrzahl dieser Savannen war jedoch von Campos cerrados umgeben, und die Grenzlinie zwischen Savanne und cerrado war eine gerade Linie, die durch einen Stacheldrahtzaun markiert war. In anderen Worten, diese Savannen wurden von Menschen geschaffen und stellten künstliche Lichtungen inmitten des campo cerrado dar. Übereinstimmend mit meiner Erfahrung auf zwei Exkursionen, während deren ich viele Tausende von Kilometern durchfuhr, zweifle ich sehr daran, daß es ursprünglich irgendeine natürliche Savanne auf dem Planalto Central gab. Nicht die Savanne, sondern der von ihr sehr verschiedene campo cerrado ist der vorherrschende Vegetationstyp auf dem Planalto Central.

Eine cerrado-Vegetation, die physiognomisch der des Planalto Central ähnelt, jedoch vom botanischen Gesichtspunkt aus ziemlich verschieden ist, herrscht in den semi-humiden Gebieten des tropischen Australien vor und war ehemals, wie ich heute glaube, im tropischen Afrika und unter ähnlichen klimatischen Verhältnissen verbreitet. Walter Busse[24] entwickelte die Theorie, daß die Savannen und Steppen des tropischen Afrika ursprünglich Wälder waren, die infolge der ständigen Brände in offene Grasländer umgewandelt wurden. Ich wies diese Theorie immer zurück, weil die Savannen des tropischen Westafrika – die ich aus eigener Erfahrung in Kamerun kannte – mit Bäumen bestanden sind, die besonders große Blätter von Hand- oder Tellergröße haben.[25] Da Bäume mit so großen Blättern in den Wäldern Westafrikas fehlen, hielt ich die westafrikanische Savanne für eine Klimax-Formation. In jener Zeit dachte ich nur an Bezeichnungen, die in den Lehrbüchern gut eingeführt waren, wie Wald und Grasland. Ich wußte nicht, noch konnte ich mir vorstellen, daß es einen Mitteltyp der Vegetation gab, der auch ursprünglich ist und ebenfalls große Flächen bedeckt: den campo cerrado. Vieles von der Vegetation, die ich 1911/1912 auf den Hochländern des Innern Kameruns sah und damals als „Baumsavannen" bezeichnete, würde ich als campo cerrado klassifizieren, unter Hervorhebung der ungewöhnlichen Größe der Blätter der Bäume. Heute bin ich der Meinung, daß die weiten Savannen Kameruns (mit vereinzelten Bäumen) keine Klimax-Vegetation, sondern ein veränderter campo cerrado sind.

---

24 Walter Busse: Die periodischen Grasbrände im tropischen Afrika, ihr Einfluß auf die Vegetation und ihre Bedeutung für die Landeskultur. – Mitt. aus d. Deutschen Schutzgebieten, *21*, 1908, S. 113–139.
25 Leo Waibel: Die periodisch-trockenen Vegetationsgebiete des tropischen Afrika. – Verhandlungen des 20. Deutschen Geographentages zu Leipzig 1921, Berlin 1922, S. 148–158.

Wenn die cerrados die natürliche Vegetation des semihumiden tropischen Westafrika bildeten[26], warum verschwanden sie dort, während sie in großen Gebieten des tropischen Südamerika und des tropischen Australien blieben? Die Frage ist leicht zu beantworten. Sowohl Australien, als auch der brasilianische Planalto Central waren von Eingeborenen dünn besiedelt, und der europäische Einfluß ist verhältnismäßig jung. Das Sudangebiet Westafrikas ist jedoch durch verhältnismäßig zivilisierte Neger dicht besiedelt, die sich dem Ackerbau und der Viehzucht widmen, einer Tätigkeit, die im tropischen Amerika und Australien unbekannt war. Nicht nur Menschen griffen in die natürliche Vegetation des Sudan während Tausenden von Jahren ein; Herden von großen Tieren machten dasselbe während Hunderttausenden, wenn nicht Millionen von Jahren und müssen deshalb als ein Zerstörungsfaktor der natürlichen Vegetation betrachtet werden.

Heute verteidige ich sehr die Theorie, daß die Mehrzahl der Savannen keine natürliche, sondern eine veränderte und degradierte Vegetation ist. Infolgedessen bin ich der Meinung, daß der Begriff „Savannenklima" nicht länger aufrechtzuerhalten ist.

Schließlich können wir eines von dem Planalto Central lernen. In allen Lehrbüchern der physischen Geographie lesen wir, daß im allgemeinen der beste Boden bei natürlichen Grasländern vorkommt und daß die Waldböden beträchtlich ärmer sind. Das Gegenteil trifft für den Planalto Central, wie auch für alle anderen tropischen Gebiete zu.[27] Was für die gemäßigten Zonen gilt, muß nicht unbedingt auch für die Tropen gelten. Unsere geographischen Vorstellungen wurden in der gemäßigten Zone entwickelt, und viele unserer Lehren sind nur oder hauptsächlich auf diese Zonen anwendbar. Um die Natur der Tropen und ihre grundlegenden Unterschiede von den gemäßigten Zonen klarer kennenzulernen und zu verstehen, müßten wir eine Disziplin entwickeln, die sich „Tropische Geographie" nennen würde. Wo gibt es eine größere Gelegenheit dies zu tun, als in Brasilien, dem größten tropischen Land der Erde?

---

26 Nach der Beschreibung und den Fotografien von Busse habe ich den Eindruck, daß der sog. „pori" des tropischen Ostafrika auch als campo cerrado klassifiziert werden müßte.
27 Leo Waibel: Place names as an aid in the reconstruction of the original vegetation of Cuba. – Geogr. Rev., *33*, 1943, S. 376–396; 392/93.

DIE GRUNDLAGEN DER EUROPÄISCHEN KOLONISATION IN SÜDBRASILIEN *

Seitdem vor hundert Jahren die Einfuhr von Sklaven aus Afrika gesetzlich verboten wurde, ist die Kolonisation als eines der grundlegenden Probleme Brasiliens angesehen worden. Unter diesen Umständen sollte man eine reiche Literatur über die Kolonisation erwarten und annehmen dürfen, daß alle Tatsachen über sie wohlbekannt seien. Dies ist jedoch nicht der Fall. Zwar wurde besonders in deutscher Sprache — sowohl in Deutschland als auch in Brasilien — viel über einzelne Kolonien und über einige allgemeine Aspekte der Kolonisation geschrieben. Aber der größte Teil dieser Literatur hat einen populären Charakter und entbehrt der wissenschaftlichen Grundlage. Die brasilianischen Autoren, die über die Kolonisation geschrieben haben, sind häufig mehr an dem Problem interessiert „sollen wir kolonisieren oder nicht?" oder „sollen wir die Kolonisation anregen oder nicht?", als wirklich an dem Vorgang der Kolonisation selbst. Umso weniger aber alle die Kolonisation betreffenden Tatsachen bekannt sind und objektiv dargelegt werden, können weder Regierung noch Öffentlichkeit eine klare Vorstellung über dieses große nationale Problem gewinnen.

Dies war der Grund, weshalb ich vorschlug, einen „Atlas der Kolonisation Brasiliens" zu bearbeiten. Dieser sollte mit kartographischen Unterlagen alle Tatsachen über die Kolonisation und die damit verbundenen Faktoren zeigen. Viel wertvolles Material für einen solchen Atlas ist bereits vorbereitet und in den verschiedenen staatlichen Abteilungen für Ländereien und Kolonisation zusammengetragen worden und wartet nur auf die Sammlung, Klassifikation und Interpretation. Darüber hinaus ist es jedoch notwendig, Erfahrungen zu sammeln und persönliche Beobachtungen in allen Kolonisationsgebieten durchzuführen, um Kenntnisse aus erster Hand über die Kolonisation in Brasilien, ihre Erfolge und Mißerfolge zu erhalten.

Während nahezu drei Jahren habe ich mit einer Gruppe junger brasilianischer Geographen die Kolonisation in Brasilien im Arbeitszimmer und im Gelände studiert. Ich danke besonders Orlando Valverde, der mich auf allen meinen Exkursionen begleitete und viel zum Erfolg meiner Arbeit beigetragen hat. Ich glaube, daß nun der Zeitpunkt gekommen ist, um unsere Beobachtungen, Gedanken und Schlußfolgerungen über die Art der Kolonisation, die die größte Bedeutung besitzt, nämlich die europäische Kolonisation Südbrasiliens, in einer vorläufigen Fassung darzulegen.

Unsere Methode, das Problem der Kolonisation zu betrachten, wird der geographische Ansatz sein, indem wir die Beziehungen zwischen dem Lande auf der einen und der Tätigkeit des Kolonisten auf der anderen Seite hervorheben. Die von

---

* Erweiterte Fassung einer Arbeit, die in zwei Sondersitzungen des Conselho Nacional de Geografia in Rio de Janeiro im Dezember 1948 vorgelegt wurde.

dem Kolonisten geschaffene Kulturlandschaft ist unser Hauptthema. Die übrigen Aspekte der Kolonisation, so die historischen und rechtlichen, die religiösen, sozialen und politischen Verhältnisse, werden nur in dem Maße erwähnt, in dem sie mit der Kulturlandschaft verknüpft sind.

Der hier angewandte Begriff „europäische Kolonisation" bezieht sich nicht auf die Begründung des Latifundiensystems durch die ehemaligen portugiesischen Siedler, sondern auf die Vorgänge, durch die ungefähr seit 120 Jahren eine Schicht von Kleinbauern europäischer Herkunft Ländereien in Besitz nahm und eigene Gemeinden gründete.

Unter Südbrasilien verstehe ich hier die drei südlichsten Staaten des Landes: Rio Grande do Sul, Santa Catarina und Paraná (s. dazu Fig. 4). Ich werde – im Gegensatz zu den brasilianischen Geographen – São Paulo nicht mit einbeziehen, weil dessen klimatische, wirtschaftliche und soziale Gegebenheiten anders sind.

DIE NATÜRLICHEN GRUNDLAGEN

Schließt man das hügelige Gebiet im Süden des Staates Rio Grande do Sul aus, so besteht Südbrasilien aus drei Regionen: den Planaltos des Interior, den Serras und den Stufen, die den Steilabfall im Osten und im Süden des Planalto bilden und dem Litoral, einer schmalen Tieflandzone, die sich entlang der Küste erstreckt.

Im Staate Paraná besteht der Planalto aus drei verschiedenen Niveaus oder Stockwerken. Jenseits der großen Stufe entlang der Küste dehnt sich der sogenannte erste Planalto aus, der aus kristallinen Gesteinen aufgebaut ist und sanftwelliges Gebiet mit Höhen zwischen 800 und 900 m bildet. Hier ist die Hauptstadt des Staates gelegen: Curitiba. Gegen Westen hin folgt der zweite Planalto, der aus paläozoischen Sedimenten besteht; diese tauchen sanft nach Westen ab und bilden nach Osten hin eine Landstufe von rund 200 m Höhe. Die Oberfläche des Planalto bildet infolgedessen eine Art flaches Dach, das sich allmählich von 1100 m im Osten bis auf ca. 700 m im Westen neigt. Dann erscheint der dritte Planalto, der aus mesozoischen Ergüssen von Diabas und Basalt – der sogenannten Trapp-Formation – besteht, von der im Norden Paranás die berühmte und sehr fruchtbare rote Erde (terra roxa) stammt. Auch dieser dritte Planalto bildet eine Stufe, die gegen Osten gerichtet ist, mit einer Höhe von ungefähr 1100 m über dem Meeresspiegel und einer flachen, nach Westen geneigten Abdachung, die entlang des Paranátals auf 300 bis 500 m Höhe absinkt. Dieser Fluß und seine Zuflüsse schneiden in ihren Unterläufen tiefe Cañons in den dritten Planalto, während sie im zweiten und mehr noch im ersten Planalto nur weite flache Täler bilden. Nur der nordöstliche Teil des ersten Planalto wird durch Flüsse entwässert, die in steil abfallenden engen Tälern direkt zum Atlantik fließen.

Die topographische Situation in Santa Catarina ist recht verschieden. Hier wurde das ganze Kristallin, das dem ersten Planalto im Staat Paraná entspricht, und ein großer Teil des zweiten Planalto durch Flüsse zerschnitten, die ihren Lauf nach Osten nehmen und eine gebirgige, sehr unregelmäßige Landschaft schaffen, die man

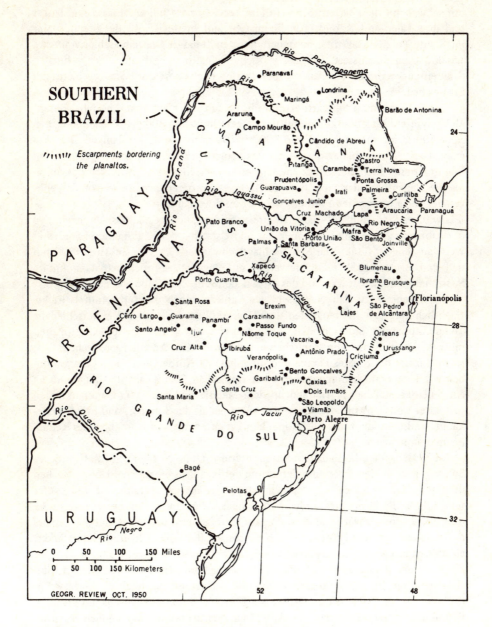

Fig. 4: Übersichtskarte Südbrasiliens

nur schwer mit dem Namen Serra do Mar bezeichnen kann. Die Flüsse sind länger und ihre Täler sind besonders in ihrem Oberlauf breiter als die der Serra do Mar im Staate Paraná. Das trifft besonders auf den Itajaí zu, der ein Gebiet von etwa 15 000 qkm entwässert. Der paläozoische Planalto nimmt nur einen schmalen Streifen ein, während der Planalto des Trapp ungefähr ³/₄ des Planaltogebietes des Staates bedeckt.

In Rio Grande do Sul existiert nur ein Planalto, der aus Trapp besteht (Basalt, Melaphyre etc.); er besitzt eine mittlere Meereshöhe von 800 bis 1000 m im Osten, 500–600 m im mittleren Teil und 300 bis 100 m im Westen, entlang des Rio Uruguay. Gegen Osten bildet der Abfall des Planalto eine einzige Stufe, gegen Süden hin, zur tiefen Rio Jacuí-Senke, besteht er aus verschiedenen Strukturterrassen, in die die Nebenflüsse des Jacuí tiefe Täler eingeschnitten haben, die in den Vorgebirgen der Serra von breiten Flußterrassen begleitet werden.

Zwischen 24⁰ und 34⁰ südlicher Breite gelegen, besitzt Südbrasilien jenen Typ des subtropischen Klimas, den man auf den Ostseiten der Kontinente in ähnlicher Weise ausgebildet findet. Die Niederschläge schwanken zwischen 1300 und 1500 mm und sind regelmäßig über das Jahr verteilt mit einem ausgesprochenen Maximum im Südsommer. Wasser ist während des ganzen Jahres im Überfluß vorhanden.

Im Gegensatz zu den Niederschlägen variiert jedoch die Temperatur sehr beträchtlich mit den Breitengraden und Meereshöhen. Man kann drei verschiedene Temperaturzonen unterscheiden, die ich gerne mit den Begriffen klassifizieren möchte, die die Spanier im tropischen und subtropischen Amerika gebrauchen.

Im Litoral des Staates Paraná und im äußersten Norden von Santa Catarina finden wir Temperaturbedingungen, die der tropischen „tierra caliente" ähneln. Es ist ein feuchtes und heißes Tiefland, in dem Malaria und andere Tropenkrankheiten verbreitet sind. Obwohl der Winter viel kühler ist als der Sommer, sind Fröste unbekannt, und man kann hier alle tropischen Fruchtbäume mit Ausnahme des Kakaobaumes anpflanzen.

Im Küstengebiet des südlichen Santa Catarina und im Norden von Rio Grande do Sul, wie auch in den Tälern der Serras und der Planaltos bis zu einer Höhe zwischen 400 und 500 m haben wir den Klimatyp oder die Temperaturzone der „tierra templada". Hier sind die Sommer auch heiß. Aber im Winter treten vereinzelte nächtliche Fröste sogar in Meereshöhe auf. Infolge des Luftabzugs und der Temperaturumkehr sind die Fröste in den Niederungen und Tälern häufiger und stärker, als an den Hängen und in größeren Höhen. Infolgedessen vermeidet das Zuckerrohr, das hier nahe der Polargrenze seiner Verbreitung vorkommt, die tiefliegenden Alluvialgebiete mit ihren fruchtbaren Böden und wächst auf den höchsten Terrassen in den Bergen bis zu Höhen von 400 bis 500 m. Aber die wirklich charakteristische Baumkultur dieser Zone sind die Apfelsinen, die überall um die ländlichen Anwesen herum in großer Fülle auftreten. Das Klima ist sehr viel gesünder hier als in der „tierra caliente", und die Malaria ist seltener.

Von 400 oder 500 m Höhe an nach oben wechseln die Temperaturbedingungen geradezu abrupt. Der Sommer ist noch sehr heiß, besonders über Tag, aber im Winter, von April bis November, treten häufig Fröste auf, die oftmals so stark sind

(−5° bis −7° C.), daß sie erhebliche Schäden in den Kulturen verursachen und für Tier und Mensch unangenehm sind. Zuckerrohr und Apfelsinen werden durch Kulturpflanzen der gemäßigten Zone ersetzt, wie Birnen, Äpfel, Weizen, Gerste, Kartoffeln etc. und in der natürlichen Vegetation erscheint die Araukarie (Araucaria sp.).

In weiten Gebieten, besonders auf den Planaltos von Paraná befinden sich die Siedlungen und Verkehrswege wegen der Temperaturumkehr auf den höchsten Erhebungen und den Wasserscheiden, während in den Tälern, wo sich die kalte Luft sammelt, der ursprüngliche Wald mit reichen Araukarienbeständen sich erhalten hat. Das ist die „tierra fria", die alle Planaltos von Südbrasilien über einer Höhe von 300 m in Rio Grande do Sul, zwischen 400 und 500 m in Santa Catarina und zwischen 500 und 700 m in Paraná, umfaßt. Im Norden von Paraná hält sich die Untergrenze in Höhen zwischen 800 und 900 m; da hier der größte Teil der Planaltos geringere Höhen besitzt, liegen sie in der „tierra templada". Das ist einer der Gründe, warum der Norden von Paraná ein bedeutendes Gebiet für den Kaffeeanbau ist.

Die Vegetation Südbrasiliens besteht aus zwei Haupttypen: den dichten immergrünen Wäldern, die mit Ausnahme der Araukarien von tropischen Laubbäumen gebildet werden und den campos limpos, die physiognomisch den Steppen der gemäßigten Zonen ähneln.

Die immergrünen Laubwälder bedeckten ehemals das Gebiet des Litoral, die Serras und alle steil abfallenden Hänge der Talungen in den Planaltos mit tierra templada-Klima. Der Boden dieser Wälder ist ein roter Ton mit einer kastanienbraunen Humusschicht an der Oberfläche. Er wird aus diesem Grunde von den Kolonisten sehr geschätzt, obwohl er an geneigten und oft sehr steinigen Hängen auftritt. Im Gebiet der tierra fria der Planaltos sind die immergrünen Laubbäume mit hohen Araukarien gemischt, die fast reine Bestände bilden. In diesen Wäldern des Planalto haben die Böden im allgemeinen auch eine rote Farbe, mit Ausnahme der terra-roxa-Gebiete des nördlichen Paraná und einiger begrenzter Gebiete im Süden von Paraná. Aber der Oberboden ist nicht kastanienbraun, sondern dunkelrot, und die Kolonisten halten diesen Bodentyp für schlechter als den der Waldhänge, obwohl er sehr viel leichter zu pflügen und zu bestellen ist.[1]

Die natürlichen campos bedecken vielleicht ein Drittel oder ein Viertel der Planaltos Südbrasiliens; da sie frei von Bäumen sind, nennt man sie campos limpos. Diese subtropischen campos limpos sind aber sehr verschieden von den campos limpos der Tropen. Während diese aus hohen und harten Gräsern bestehen, die bultenständig durch Flecken nackten Bodens voneinander getrennt wachsen, gedeihen auf den campos limpos Südbrasiliens außer hohen und harten Gräsern auch viele niedere und zarte, die den Boden geschlossen bedecken und eine Art Rasen bilden, ähnlich den Wiesen der gemäßigten Zone, die auch einem humiden Klima ausgesetzt sind.

---

[1] Auch die Lusobrasilianer unterscheiden die verschiedene Bodenqualität der beiden Waldtypen. Sie bezeichnen das von Laubwald bedeckte Gebiet als „Kulturland", während man das von Araukarienwald bestandene Gebiet „terra caiva" nennt. „Caiva" ist ein Wort aus der Tupí-Sprache und bedeutet soviel wie „armes Waldland".

Entlang der Flüsse des campo limpo erstrecken sich Nadelwälder mit Araukarien sowie immergrünen, breitblättrigen Bäumen. In anderen Gebieten wiederum kommen außer diesen Galeriewäldern auch viele kleine Waldflecken, sowohl in den flachen Senken, als auch an den Hängen vor. Man kann diesen Vegetationstyp, bei dem sich Wald und campo aufteilen, wobei i.a. der erstere den letzteren an Fläche überwiegt, auch als „gemischte Vegetation von Wald und campo" bezeichnen.

Die Verteilung von Wald, campos und der gemischten Vegetation ist sehr unregelmäßig, und wir sind noch weit davon entfernt, alle dabei beteiligten Faktoren zu verstehen. Aber ein Faktor tritt deutlich hervor: die campos bedecken gewöhnlich die ebenen Flächen, häufig auf den Wasserscheiden, wo eine alte Topographie sich erhalten hat, während die Wälder die steileren Hänge der Täler, wie auch das bewegte Relief der Planaltos und Serras bedecken. Dies legt die Bedeutung der physischen Verhältnisse des Bodens (Wasser, Durchlüftung) bei der Verteilung der hauptsächlichsten Vegetationstypen nahe.

Die Böden der Campos Gerais im Staate Paraná sind ausgelaugt, sandig und sauer, arm an Nährstoffen und organischem Material.[2] Andere campos kommen auf sehr viel besseren Böden und selbst auf terra roxa vor. Im allgemeinen sind jedoch die campo-Böden weniger fruchtbar als die Waldböden, sehr im Gegensatz zu den Verhältnissen in der gemäßigten Zone. Trotz vieler Ausnahmen von dieser Regel kann man die Tatsache selbst nicht in Frage stellen und sie ist auch durch die europäischen Kolonisten klar erkannt worden. Ungefähr 99,9 % dieser Menschen errichteten ihre Häuser und landwirtschaftlichen Betriebe im Waldgebiet.

In den ehemals bewaldeten Gebieten beobachten wir heute eine Bevölkerung von weißen Kleinbauern, die zusammen mit Frau und Kindern den Boden bebauen und Heimstätten europäischer Art geschaffen hat. In den benachbarten campos lebt der Fazendeiro lusobrasilianischer Herkunft, der Rinder und Pferde auf großen Besitzungen züchtet und als Angestellte Neger und Mulatten beschäftigt, Abkömmlinge der ehemaligen Sklaven. Häufig hat sich hier geradezu ein mittelalterlicher Lebensstil feudaler und aristokratischer Art erhalten; man schätzt den arbeitseifrigen Kolonisten gering ein und trägt im Verkehr mit ihm ein arrogantes und anmaßendes Wesen zur Schau.

So sind also Wald und campo zwei völlig verschiedene Welten in Südbrasilien. Sie sind verschieden sowohl in den Naturbedingungen, als auch in den wirtschaftlichen, sozialen und rassischen Verhältnissen. Im westlichen Planalto von Rio Grande do Sul sind diese zwei verschiedenartigen Welten sehr klar voneinander abgegrenzt, mit Abständen von einigen Kilometern bis zu 30 oder 50 km.

---

2 Carlos Bodziak und Reinhard Maack: Contribuição ao conhecimento dos solos dos Campos Gerais no Estado do Paraná. Arquivos de Biologia-Tecnologia. Curitiba 1946, Bd. 1, Art. 13.

I. DIE KOLONISATION IM SÜDBRASILIANISCHEN WALDLAND
DER BEGINN DER KOLONISATION

Als Brasilien im Jahre 1822 unabhängig wurde, hielt man es für nötig, ein größeres Gewicht auf die Kolonisation der beiden südlichen Provinzen zu legen, die von Süden her den argentinischen Angriffen und aus dem Inneren den Überfällen der Botokuden-Indianer ausgesetzt waren. Die ungeheuren Wälder Südbrasiliens waren das unbestrittene Herrschaftsgebiet dieser Indianer. Die Weißen besiedelten diese Wälder nicht, sondern durchquerten sie nur schnell entlang einiger Pfade für Rinderherden und Lasttierkarawanen. Unter diesen war am wichtigsten, der in nord-südlicher Richtung São Paulo mit Pôrto Alegre oder Viamão in Rio Grande do Sul verband. Ein anderer verlief von Lajes auf dem Planalto von Santa Catarina in östlicher Richtung bis zur Küste und nach Florianópolis. Menschen und Herden, die diese Wege benutzten, waren häufig den Angriffen der Indianer ausgesetzt.

Die brasilianische Regierung beschloß, diese Waldgebiete zu kolonisieren, in der Absicht, die Indianer zurückzudrängen oder auszurotten. Aber was für Menschen würde man in diesen dichten und unzugänglichen Wäldern ansiedeln können? Weder die Lusobrasilianer, noch die Kolonisten von den Azoren und aus Madeira hatten bisher irgendein Interesse gezeigt, sich im Walde niederzulassen. Sie zogen zweifellos den offenen campo vor, wo sie ihre estancias gründen und mit Hilfe von Negersklaven verwalten konnten. Nun hatte zu diesem Zeitpunkt Brasilien in Verträgen mit England bereits der Abschaffung des Sklavenhandels zugestimmt und der Gedanke der freien Arbeit begann sich den Überlegungen der Staatsmänner aufzudrängen. Brasilien brauchte einen neuen Typ von Kolonisten, kleine freie Grundbesitzer, die das Waldland mit Hilfe ihrer eigenen Familienkräfte bebauen würden und weder an der Sklavenarbeit, noch an der Rinderzucht interessiert wären!

Der neue Kolonistentyp müßte sowohl Soldat als auch Bauer sein, um sein Land sowohl bebauen, als auch verteidigen zu können. Wo aber konnte man diesen Typ von Kolonisten finden? In Europa natürlich; und besonders in Mitteleuropa, wo aus den Armeen Napoleons entlassene Soldaten und arme unterdrückte Bauern bereit waren, in jedes Land der Welt auszuwandern.

So entstanden in den 1820er Jahren die ersten deutschen Kolonien in Südbrasilien, alle an Stellen, wo die Wege der Lasttiere und Viehherden in den Wald eintraten oder aus ihm herausführten.

Im Jahre 1824 wurde etwa 25 km nördlich von Pôrto Alegre im unteren Talabschnitt des Rio dos Sinos in einer Meereshöhe von ca. 20 m die erste deutsche Kolonie gegründet, die den Namen São Leopoldo erhielt. Die Kolonie dehnte sich bald über die Terrassen und bewaldeten Hänge der Serra aus, und innerhalb von 5 Jahren zählte sie schon 5 000 Einwohner, alle deutscher Abstammung. Eine große Zahl von Einwanderern waren Handwerker, und so entwickelte sich in kurzer Zeit neben der Landwirtschaft auch gewerbliche Tätigkeit in bedeutendem Maße und trug zu dem großen Wohlstand der Kolonie bei.

Das gleiche kann man von zwei anderen deutschen Kolonien nicht sagen, die 1829 gegründet wurden. Unter diesen war die Kolonie Rio Negro sozusagen das geographische Gegenstück zu São Leopoldo. Sie wurde in einer Höhe von 800 m auf dem inneren Planalto an beiden Ufern des Rio Negro gegründet, der heute die Staaten Paraná und Santa Catarina trennt, an dem Punkte, an dem der sogenannte „Caminho do Sul" (Südweg) von Pôrto Alegre und Vacaría nach São Paulo aus dem Walde herausführte und den Fluß querte. Diese Kolonie sollte nach Süden den Eintritt des Weges in das Waldgebiet schützen, so wie São Leopoldo seinen Austritt aus der bewaldeten Serra. Im Gegensatz zu São Leopoldo aber war die Kolonie Rio Negro schwer zu erreichen und in außerordentlich isolierter Lage. Den ersten 250 Personen, die auf dem Landwege vom Hafen Paranaguá nach Rio Negro reisten, folgten keine neuen Einwanderer aus Deutschland, und in der Kolonie begann bald der Verfall. Die heutige blühende deutsche Kolonie der Zwillingsstädte Mafra-Rio Negro steht in keiner Beziehung zu diesen ersten Einwanderern, sondern entstand mit Deutschen, die viele Jahrzehnte später von Joinville und Santa Catarina kamen.

Die dritte deutsche Kolonie wurde im gleichen Jahr 1829 da gegründet, wo der Weg von Lajes nach Florianópolis die Siedlungsgrenze erreichte, d.h. den unbesiedelten Wald verließ und in die bereits in Besitz genommenen Gebiete eintrat. Sie lag in einer Höhe von 250 m im Tal des Rio Maruim, ungefähr 25 km von Florianópolis entfernt. Der Name der Kolonie ist São Pedro de Alcântara. Sie degenerierte nicht wie die alte Kolonie am Rio Negro, sondern ist bis heute eine kleine, hinreichend wohlhabende Siedlung, die vom Markt des nahen Florianópolis abhängig ist.

Die weitere Geschichte der Kolonisation Südbrasiliens interessiert uns nur im Hinblick auf die Ausdehnung der Besiedlung und die Art der Kolonisation, die in verschiedenen Zeiträumen in verschiedenen Gebieten angewandt wurde.

AUSDEHNUNG DER BESIEDLUNG UND ART DER KOLONISATION

Im Gegensatz zu den Vereinigten Staaten gab es in Brasilien kaum eine spontane Kolonisation. Von Anfang an bis heute ist die Kolonisation in Brasilien immer gleich organisiert, geplant, subventioniert und durch irgend jemand geleitet worden: durch die Bundesregierung, die Provinzen oder Staaten und die Munizipien, Privatgesellschaften oder individuell durch Landbesitzer. Infolgedessen unterscheiden sich entsprechend des Typs der Kolonisation die angewandten Methoden und die erzielten Ergebnisse sehr.

Die drei ersten Kolonien waren Kolonien der Bundesregierung, die mit großen Unkosten von der Kaiserlichen Regierung gegründet wurden. Infolge einer plötzlichen Änderung der Einwanderungspolitik im September 1830 wurde ein Gesetz erlassen, das jegliche Regierungsausgaben in Verbindung mit der Kolonisation von Ausländern in jeder der Provinzen des Reiches verbot. Dies setzte der deutschen Einwanderung ein Ende, bis 1834 die Provinzen die Aufgabe erhielten, die Kolonisation zu fördern.

RIO GRANDE DO SUL

Von 1835–1845 wurde die Provinz Rio Grande do Sul vom Bürgerkrieg heimgesucht, der die Durchführung jedes Kolonisationsprojektes verhinderte. Sobald die normalen Verhältnisse wiederhergestellt waren, gründete die Provinz zwischen 1849 und 1874 fünf Kolonien an den bewaldeten Hängen der Serra. Diese Kolonien waren keine kontinuierliche Ausbreitung nach W von São Leopoldo aus, wie man erwarten könnte, sondern sie wurden weit westlich des alten Kolonisationskerns errichtet. Die Kolonie Santa Cruz wurde 1849 gegründet, ungefähr 150 km westlich von São Leopoldo im Vorland der Serra (50 m u. NN.) und am Rande des Waldes. Sie wurde eine der blühendsten Kolonien Südbrasiliens, da sie Tabak als Handelsware produzierte. Einige Jahre danach (1855) wurde etwa 80 km westlich von Santa Cruz, im Jacuí-Tal, die Kolonie Santo Angelo gegründet.

Der Grund, weshalb die Provinz zwei Kolonien so weit nach Westen legte, war nicht nur die Tatsache des schiffbaren Unterlaufs des Jacuí, sondern auch, daß hier im zentralen Teil die Höhe der Serra geringer und ihr Waldgürtel schmaler ist, als weiter im Osten. Dies besagt, daß die Verbindungen über die Serra leichter sind und es Hauptzweck dieser beiden Kolonien war, die Verbindungswege und damit den Verkehr zwischen der Senke des Jacuí und den campos des Planalto zu öffnen.

Das Serragebiet zwischen São Leopoldo im Osten und Santa Cruz im Westen war um 1850 ein riesiger Urwald, in den nur einige lusobrasilianische intrusos eingedrungen waren. Auf beiden Seiten von blühenden europäischen Kolonien flankiert, erweckten diese Wälder nun das Interesse der Landspekulanten und Kapitalisten, die große Flächen, besonders entlang der Flußläufe des Caí und des Taquarí, in Besitz nahmen. Sie beeilten sich sehr damit, bevor das Gesetz von 1850, das den Landerwerb auf jede andere Art als durch Kauf verbot, 1854 in Kraft trat. Jeder dieser Eindringlinge begann eine private Kolonisation auf eigene Faust, unterteilte das Land in kleine Lose und verkaufte diese an Kolonisten. Hier wurde genau wie in Santa Cruz und Santo Angelo der Hauptteil der Bevölkerung von der ersten Einwanderergeneration von São Leopoldo und von neuen, aus Deutschland kommenden Einwanderern gestellt.

Von den Tälern und den Flußterrassen stiegen die Deutschen langsam aufwärts und nahmen sowohl die abschüssigen Ländereien der Landstufen als auch die dazwischen liegenden Täler in Besitz. Um 1870 war die gesamte Serra bis zum Rande des Planalto in den Händen deutscher Kolonisten. Diese gründeten keine Kolonien auf dem Hochland, obwohl dort das Klima sehr viel kühler und gesünder war als in den Tälern und im Vorland der Serra. Offensichtlich erkannten die deutschen Pioniere bald, daß die Waldböden des Hochlandes weniger fruchtbar sind als die Laubwälder der „tierra templada". Aus diesem Grunde stimmt in der Serra von Rio Grande do Sul die obere Grenze der deutschen Kolonisation im allgemeinen mit der Untergrenze der Araukarienwälder überein und liegt etwa in Höhen zwischen 500 und 600 m. Später hatten die deutschen Kolonisten hinsichtlich der beiden Waldtypen des westlichen Planalto von Rio Grande do Sul dieselbe Auffassung wie auch im Staate Santa Catarina und, wenn auch in geringerem Maße, in Paraná. Dies ist eines der wichtigsten Prinzipien der europäischen Kolonisation in Südbrasilien.

Ein anderer Faktor verhinderte die Ausbreitung der deutschen Kolonien in den 1860er und 1870er Jahren. 1859 erließ Preußen das sog. von der Heydt'sche Reskript, das infolge der von deutschen Kolonisten im Staate São Paulo erlittenen schlechten Behandlung die Werbung zur Auswanderung nach Brasilien untersagte. Dies hatte einen ungünstigen Einfluß auf die potentielle Auswanderung in Preußen und nach 1871 in ganz Deutschland. Erst 1896 wurde dieses Dekret für die drei südlichen Staaten Brasiliens widerrufen, für das übrige Brasilien geschah das niemals.

Der östliche Planalto von Rio Grande do Sul ist vom übrigen Staat durch zwei Stufen isoliert: eine ist nach Osten zur Küste gerichtet und die andere nach Süden zur Senke des Rio Jacuí. Weder die Provinz, noch die einzelnen Großgrundbesitzer zeigten an der Kolonisation der Waldflächen dieses Gebietes Interesse und überließen es der zentralen (kaiserlichen) Regierung. Die Niederlage Frankreichs gegen Deutschland 1870 und das Heydt'sche Reskript brachten die brasilianische Regierung dazu, nach nichtdeutschen Kolonisten zu suchen. Man warb in Italien, besonders im Norden dieses Landes, und in den österreichischen Provinzen Trient und Venedig. So wurde das östliche Hochland oberhalb der alten deutschen Kolonie São Leopoldo nicht von Deutschen, sondern von Italienern in Besitz genommen. 1870 und 1871 wurden die drei Kolonien Caxias, Garibáldi und Bento Gonçalves in Höhen zwischen 600 und 800 m im Waldgebiet der südlichen Zuflüsse des Oberlaufs des Rio Taquarí gegründet. Im Gegensatz zur Serra, wo die Siedlungen und Straßen den Talsohlen der Flußtäler folgen, wurden sie auf dem Hochland auf den Wasserscheiden eingerichtet; in beiden Gebieten dehnt sich aber das Kulturland und der Landbesitz auf die mehr oder weniger steilen Hänge aus.

Die Einwanderung nach dieser neuen Pionierzone nahm so schnell zu, daß 1882 schon 20 000 Italiener in den drei Kolonien lebten. Die kaiserliche Regierung gründete daraufhin zwei neue italienische Kolonien nördlich des Taquarí: Alfredo Chaves 1884 und Antônio Prado 1886. So entwickelte sich auf dem östlichen Hochland eine dichte Zone italienischer Kolonien, ähnlich der Zone deutscher Kolonien entlang des Serraabfalls.

Mit dem Aufkommen der Republik 1889 wurden alle öffentlichen Ländereien Besitz der Staaten, und Rio Grande do Sul begann sofort die Kolonisation in einem Umfang, der von keinem anderen Staat Brasiliens übertroffen wurde. Obgleich die neuen Kolonien sich auch auf die Waldgebiete beschränkten, gab es kein einheitliches Vorrücken der Kolonisation nach Westen; die Grenze übersprang die campos des mittleren und westlichen Planalto und setzte sich in den isolierten Waldgebieten der Oberläufe des Jacuí und Ijuí fest, einem Gebiet, das in Rio Grande do Sul ungenau „Região Serrana" oder „da Serra" genannt wird. Dieser Begriff darf natürlich nicht mit der „Serra" verwechselt werden, die den nach Süden gerichteten Abfall des Hochlandes bildet.

Der Sprung der Grenze über 150–200 km spärlich besiedelter oder gar unbewohnter und unkultivierter Ländereien wurde durch den Bau einer Eisenbahnlinie ermöglicht, die dem offenen Gebiet und der Wasserscheide zwischen den Flüssen Jacuí und Uruguai folgt; sie verläuft von Santa Maria (153 m) zuerst nach Norden bis Cruz Alta (586 m), danach nach Osten bis Passo Fundo (870 m), die beide von Lusobrasilianern 1834 bzw. 1857 gegründet wurden. Die Bahnlinie wurde 1895 dem Verkehr übergeben.

1890 gründete der Staat die Kolonie Ijuí (315 m) im oberen Ijuítal und ein Jahr später die Kolonie Guaraní, am Oberlauf des Comandaí, einem anderen Zufluß des Rio Uruguai. In diesen neuen Kolonien wurde der Grundsatz der Bildung ethnisch homogener Kolonien vernachlässigt, das Land wurde Polen, Russen, Italienern, Deutschen etc. gegeben, auch vielen Lusobrasilianern. Die Mehrzahl der Deutschen stammte von den alten, aus den Serrakolonien São Leopoldo und Santa Cruz gebürtigen Kolonisten ab.

Außer dem Staat waren Privat-Kolonisations-Unternehmen an der neuen Grenze interessiert; diese aber wandten wieder das Prinzip der ethnischen Kolonisation an. Der Katholische Bauernverein von Rio Grande do Sul (Associação dos Agricultores Católicos do Rio Grande do Sul) schuf 1902 die große Kolonie Cerro Azul unterhalb der Staatskolonie Ijuí und besiedelte sie hauptsächlich mit katholischen Kolonisten deutscher Herkunft. 1902 gründete Dr. Hermann Meyer, ein Verleger aus Leipzig, am Oberlauf des Ijuí in einer Höhe von ca. 400 m die Kolonie „Neu-Württemberg" (heute Panambí) und siedelte aus dem Deutschen Reich stammende Deutsche sowie in Rio Grande do Sul geborene Deutschbrasilianer an.

Die Eröffnung der Eisenbahnlinie von Cruz Alta nach Passo Fundo 1895 zog private Kolonisationsunternehmen in die Wälder des oberen Jacuítales, die außerordentlich reich an Araukarien waren. Dort wurden 1870 die Kolonien Não-me-Toque und General Osório (heute Ibirubá) gegründet, die gleichfalls fast ausschließlich mit Deutschstämmigen besiedelt wurden.

In den zwei folgenden Jahrzehnten wurden diese abseits gelegenen Wälder kultiviert, und danach blieben als zukünftige Kolonisationsgebiete nur die Wälder, die sich entlang des Uruguai in einem durchlaufenden Streifen von etwa 100 km Breite erstreckten. Die Eisenbahn von Passo Fundo erreichte diesen Waldgürtel 1910 südlich der Stadt Erechim (ehemals José Bonifácio), die auf dem nördlichen vorspringenden Rand des Planalto in einer Höhe von 786 m gelegen ist. Innerhalb weniger Jahre hatte der Staat Rio Grande do Sul, wie auch die privaten Kolonisationsgesellschaften, die bewaldeten Ländereien bis zum Tal des Uruguai an italienische, deutsche, polnische und lusobrasilianische Kolonisten verkauft.

Westlich des Gebietes von Erechim erstreckt sich ein Indianerreservat, und darauf folgen die Kolonien Guarita und Santa Rosa, die beide Staatsgründungen aus den Jahren 1917 bzw. 1915 sind. In den Jahrzehnten um 1920 und 1930 wurden auch diese Kolonien sowohl mit einheimischen als auch ausländischen Kolonisten besiedelt. So verschwanden die letzten Waldreserven und devoluten Waldländereien des Staates. Es gibt heute im Staate Rio Grande do Sul keine einzige Pionierzone mehr, die der Erwähnung wert ist.

SANTA CATARINA

Im Gegensatz zu Rio Grande do Sul hatte die offizielle Kolonisation durch die Provinz und nachher durch den Staat Santa Catarina wenig Erfolg. Die Bundesregierung war ihrerseits auch nicht sehr an der Kolonisation dieses kleinen Staates interessiert. So nahmen private Kolonisationsgesellschaften die Last auf sich und erschlossen die Waldgebiete des Staates in einer sehr wirksamen Weise.

Für die Regierung ist Kolonisation die Politik der Besiedlung und Entwicklung unbewohnter Gebiete. Diese Art der Kolonisation hängt zum großen Teile von politischen Faktoren ab, die oft unbeständig sind und sich in eine gesunde Verwaltung der Kolonien einmischen. Für ein privates Unternehmen bedeutet Kolonisation ein Geschäft, es will Geld verdienen und ist darauf bedacht, Land und auch Leute von guter Qualität zu erhalten. Die Verwaltung basiert streng auf wirtschaftlichen Grundsätzen und wird unter normalen Umständen nicht durch politische Einflußnahme beeinträchtigt. Dies ist der Grund, warum die Privatgesellschaften bei der Kolonisation Südbrasiliens so sehr erfolgreich waren. Santa Catarina war der Staat, in dem dieses Prinzip erstmals in großem Maßstab angewandt wurde.

Das deutsche Unternehmen „Kolonisationsverein von Hamburg" kaufte vom Prinzen von Joinville ein großes Stück Waldland an der innersten Stelle der Bucht von Sao Francisco, im nördlichen Teil der Provinz Santa Catarina, und gründete dort 1849 die Kolonie „Dona Francisca". Ihr Sitz, Joinville, liegt in einem Wattgebiet und ist, wie Venedig, auf Pfählen erbaut. Trotz des Klimas, das keineswegs angenehm ist, wurde die Kolonie aufgrund ihrer aktiven Bevölkerung und der Verbindung zum Meer bald wohlhabend. Die Ausdehnung nach dem Innern war durch die Nähe des Steilabfalls der Serra beeinträchtigt. Trotzdem begann die Kolonie bald mit dem Bau einer Straße, die auf den Planalto hinaufführen sollte, und dort wurde dann um 1870 die Tochterkolonie São Bento in einer Höhe von etwa 800 m gegründet. Durch diese Straße, wie auch durch eine 1910 eröffnete Eisenbahnlinie, konnte Joinville einen großen Teil des Verkehrs des Hochlandes der Staaten Paraná und Santa Catarina an sich ziehen.

Die berühmte deutsche Kolonie Blumenau wurde 1850 etwa 100 km südlich von Joinville im unteren Itajaítal gegründet. Sie wurde nicht von einer Gesellschaft, sondern von einem Privatmann, Dr. Hermann Blumenau, etwa 60 km flußaufwärts der Itajaímündung gegründet, an einer Stelle, an der die Schiffahrt endet und das Tal sich beträchtlich verengt. Die Höhen sind noch sehr niedrig, 20–50 m in der Talsohle, aber das Klima ist gesünder als das von Joinville. Beeinträchtigt durch Kapitalmangel, wie auch durch die Enge des Flußtales, begann die Kolonie erst aufzublühen, als Dr. Blumenau 1860 seine Rechte über das Land – aber nicht über die Verwaltung der Kolonie – zugunsten der nationalen Regierung aufgab und die Besiedlung sich flußaufwärts an den linken Zuflüssen des Itajaí entlang ausbreitete, wo es ebene Ländereien mit fruchtbaren Böden gab. 1874 hatte die Kolonie 7000 Bewohner, die alle deutscher Herkunft waren. Einige Italiener und Polen schlossen sich dem Einwandererstrom an und ließen sich an den Rändern des von den Deutschen besiedelten Gebietes nieder. 1882 zählte die Kolonie 16 000 Bewohner, von denen 71 % Deutsche, 18 % Italiener und die übrigen Lusobrasilianer waren.

Die Ausbreitung der Siedlung wurde damals durch eine andere Verengung des Tales aufgehalten und ging erst gegen Ende der 1890er Jahre weiter. 1897 erwarb die Hanseatische Kolonisationsgesellschaft, ein Zweig der Gesellschaft, die Joinville gegründet hatte, fast alle Ländereien des Itajaí do Norte und brachte viele Kolonisten aus Blumenau, aus anderen Gebieten des Staates und aus Deutschland dorthin. 1909 wurde der Sitz der Gesellschaft Hamônia (heute Ibirama) durch eine Eisenbahnlinie mit der Stadt Blumenau verbunden und ausgezeichnete Straßen wurden innerhalb des Gebietes der Gesellschaft gebaut, bevor das Land an die Kolonisten verteilt wurde. Nach dem Ersten Weltkrieg kamen viele Einwanderer aus Deutschland, um Ländereien der „Hansa" zu kolonisieren, unter welchem Namen die Gesellschaft in Santa Catarina bekannt ist.

In den 1920er Jahren breitete sich die Besiedlung rasch in die breiten Täler des Itajaí do Sul und Itajaí do Oeste aus. Dort arbeiteten viele kleinere Privatgesellschaften, die ihr Land an alte deutsche und italienische Kolonisten sowie an Neuankömmlinge verkauften. 1938, als die Pioniergrenze den Fuß des Hochlandabbruchs und die Untergrenze der Araukarienwälder erreichte, waren die Überbleibsel des immergrünen Laubwaldes von den Pionieren gefällt worden. In diesem Jahre stieg die Bevölkerung des Itajaítales und des Munizips Blumenau auf ca. 150 000 Einwohner, von denen ungefähr 50 % deutsch sprachen; das große Munizip mit einer Fläche von annähernd 10 000 km^2 wurde in sieben kleinere Munizipien zerstückelt. Wenn wir zu diesem Gebiet das Munizip Brusque im Tal des Itajaí-Mirim hinzufügen, das auch durch Deutsche in den 1860er Jahren besiedelt wurde, dann haben wir in der kristallinen catarinenser Serra ein ausgedehntes und zusammenhängendes Gebiet mit vorherrschend deutscher Kolonisation, ähnlich dem der Serra von Rio Grande do Sul.

In der zweiten Hälfte des 19. Jahrhunderts gründeten die Provinz und der Staat Santa Catarina sowie die Zentralregierung einige deutsche und italienische Kolonien in den kleineren Tälern der Serra, südlich des Itajaí-Flusses. Durch enge und weitab von den Verbindungswegen gelegene Täler behindert, konnte sich keine dieser Kolonien ausdehnen und zur Blüte gelangen. Im südlichen Litoral des Staates Santa Catarina wurden aber in den Jahrzehnten um 1870 und 1880 einige italienische Kolonien gegründet, die sich schnell ausbreiteten und sogar durch den Abbau von Kohle reich wurden (Orleães, Uruçanga, Crisciúma).

Die kristalline Serra mit ihrer zahlreichen Bevölkerung europäischer Herkunft ist der wichtigste Teil des Staates Santa Catarina. Nach W erstreckt sich das paläozoische Hochland, das vorwiegend Offenland mit großen Viehfazenden ist. Im Norden aber, entlang der Flüsse Iguaçú und Negro, erstreckt sich ein Waldgürtel, in dem die Deutschen von Joinville viele kleinere Kolonien gründeten, wobei sie lange vor der Eröffnung der Eisenbahnlinie von São Bento – Pôrto Uniao da Vitoria nach Westen über den Fluß vordrangen.

Eine umfangreiche geplante Kolonisation durch Privatgesellschaften und eine zweite Pionierzone entwickelten sich auf dem dritten Planalto der Trappdecken, der den westlichen Teil des Staates bedeckt. Dieses Gebiet wurde nicht von der weit entfernten Ostküste aus kolonisiert und besiedelt, sondern von Süden her durch deutsche und italienische Kolonisten und Kolonisationsgesellschaften aus Rio Grande do Sul.

Die Ausdehnung der Besiedlung nach Norden über den Rio Uruguai und die Grenze des Staates Rio Grande do Sul bis nach Santa Catarina hinein begann 1915, als die Eisenbahnlinie von Paraná und São Paulo kommend das Tal des Rio do Peixe, einen Nebenfluß des Uruguai, erreichte. Das neue Transportmittel ermöglichte die Ausfuhr von lebenden Schweinen und anderen Handelsgütern (Luzerne) nach der Stadt São Paulo, und so wurde das Hinterland von Santa Catarina handelsmäßig nach Norden, nach São Paulo, ausgerichtet durch Menschen, die aus dem Süden kamen. Die neue Pionierzone dehnte sich mit dem Vorrücken der Eisenbahn weiter aus; die Deutschen zogen wiederum die tiefliegenden Täler bis hinauf zu den Grenzen des Araukarienwaldes vor, während die Italiener die Täler, wie auch die hochgelegenen Ländereien im Dreieck zwischen dem unteren Rio do Peixe und dem Rio Uruguai in Besitz nahm.

Während des Jahres 1916 wurde das Gebiet des äußersten Westens des Planalto dem Staat Santa Catarina angegliedert; es wird nach Süden durch den Rio Xapecó zum Uruguai entwässert. Dieses Gebiet war lange Zeit ein Streitgrund, zuerst zwischen Argentinien und Brasilien und danach zwischen den Staaten Paraná und Santa Catarina. Es war hauptsächlich durch Gesetzesflüchtige aus den benachbarten Gebieten bewohnt. Die Herstellung der Ordnung nach dem Ersten Weltkrieg zog drei große deutsch-brasilianische Kolonisationsgesellschaften aus Rio Grande do Sul nach diesem „Ex-Contestado" genannten Gebiet, und eine neue Pionierzone entwickelte sich entlang des nördlichen Ufers des Rio Uruguai und weiter bis zum Rio Peperiguaçú an der Grenze mit Argentinien im Westen, bis zum Rio Irani und der Pionierzone des unteren Rio do Peixe im Osten. Die Pionierbewegung ist noch in voller Entwicklung, wobei nach Norden Siedlungen entlang der Straßen und Flüsse entstehen, wo noch unbewohnte Wildnis ist. Fast alle Ländereien wurden schon durch einzelne Siedler oder Privatgesellschaften in Besitz genommen, die auf die Besiedlungsausdehnung in naheliegender Zukunft spekulieren.

1940 lebten 45 000 Menschen in dem Gebiet, das dem Munizip Xapecó entspricht. Die Mehrzahl dieser Menschen waren offensichtlich Lusobrasilianer. Die Kolonien entlang des Uruguai wurden indessen fast ausschließlich von aus Rio Grando do Sul stammenden Nachkommen von Deutschen und Italienern besiedelt. Auch hier scheinen die Deutschen die Täler und die Italiener die Planaltos vorzuziehen.

PARANÁ

Die Kolonisation von Paraná ist in Ursprung und Zusammensetzung von der der anderen beiden Staaten verschieden. Erstens ist der Küstenstreifen Paranás schmal und hat das ungesunde Klima der tierra caliente. Hier wurden in den 1870er Jahren einige italienische Kolonien gegründet, die aber nicht zu Wohlstand gelangten. Zweitens ist die kristalline Serra von Paraná schmal und ihre Hänge sind so steil, daß sie für die Kolonisation wenig Raum bieten. Unter diesen Bedingungen ist die Zone der tierra templada und der immergrünen Laubwälder, die soviele deutsche Kolonisten in Rio Grande do Sul und in Santa Catarina anzog, in Paraná für die Kolonisation ungeeignet. Dies ist der Hauptgrund, warum es in diesem Staate weniger Deutsche gibt. Zwar sind viele Deutsche aus der Kolonie Dona Francisca (in Santa Catarina) nach Paraná ausgewandert; aber sie waren nicht so sehr an der Landwirtschaft interessiert wie am Handel und Handwerk. Deshalb wollten sie hauptsächlich in der Stadt, besonders in Curitiba, wohnen. Drittens ist Paraná der jüngste der drei Südstaaten Brasiliens. Nach der Gründung im Jahre 1853 durch Abtrennung seines Territoriums von der Provinz São Paulo, zeigte Paraná erst in den 1860er Jahren Interesse an der Kolonisation. In diesem Zeitraum wirkte sich das Heydt'sche Reskript gerade in der Drosselung der Einwanderung aus Deutschland aus. Aus diesem Grunde wurden nicht Deutsche, sondern Polen und Ukrainer die hauptsächlichen Kolonisten des neuen Staates. Die ersten polnischen Bauern kamen 1869 an der Küste von Santa Catarina an, aber sie liebten das heiße Tiefland nicht und zogen das kühlere Klima des Hochlandes vor.

Auf dem 1. Planalto, wo die Hauptstadt Curitiba liegt, haben wir ein Mischgebiet von Wald und Kamp, das auf einem Wechsel von kleinen Waldflecken und großen Campoflächen beruht. Hier konnten sich nicht die großen Kolonien des dichten Waldes entwickeln, wie es in den beiden anderen Staaten geschah. Außerdem hatten zu dieser Zeit weder die Einwanderer, noch die Provinz Paraná genügend Geld, um die Kolonisation in großem Maßstab zu organisieren. Statt dessen entwarf und verwirklichte die Provinz einen intelligenten Plan, viele kleine Kolonien rings um Curitiba zu gründen, mit der Absicht, mit dem Überschuß ihrer Produkte den Nahrungsmittelbedarf Curitibas zu befriedigen. Da zur selben Zeit Straßen gebaut wurden zur Verbindung der Kolonien mit der Stadt, war der Plan insgesamt von großem Erfolg gekrönt. So wurden in den Jahrzehnten um 1870 und 1880 viele kleine deutsche, polnische und italienische Kolonien in einer Entfernung von nicht mehr als 15—18 km von Curitiba angelegt; dies erlaubte den Kolonisten, zur Stadt zu fahren und am selben Tag wieder nach Hause zurückzukehren.

Ähnliche Kolonien, jedoch in kleinerer Zahl, wurden vom Staat um die Städte Ponta Grossa, Castro und Lapa gegründet, die gleichfalls in einem Mischgebiet von Wald und campo liegen.

Zu Beginn des 20. Jahrhunderts erreichte die Eisenbahnlinie São Paulo—Rio Grande do Sul den Staat Paraná und folgte den campos bis Ponta Grossa; dort wandte sich ein Zweig nach Südosten in Richtung auf Curitiba und Rio Negro, während die Hauptlinie nach Südwesten abbiegt und einen ausgedehnten Waldgürtel durchläuft, der den westlichen Teil des 2. Planalto bedeckt. Die Kolonisation konzentrierte sich damals auf diese Wälder, die reich an Araukarienholz sind, und ließ die campos des östlichen Teils des 2. Planalto liegen. Die große ukrainische Kolonie Prudentópolis wurde 1896 vom Staat etwa 100 km westlich Ponta Grossa gegründet. Viele kleinere ukrainische und polnische Kolonien wurden in demselben Gebiet gegründet, hauptsächlich entlang der Straße, die auf dem 3. Planalto westwärts nach Guarapuava führt.

Während der beiden ersten Jahrzehnte des 20. Jahrhunderts (von 1907–1914) wanderten etwa 30 000 Polen und Ukrainer und einige Tausend Deutsche nach Paraná ein. Die Mehrheit wurde nicht durch den Staat, sondern durch die Bundesregierung in einigen größeren Kolonien entlang der Eisenbahnen angesiedelt. Eine deutsch-holländische Kolonie, Gonçalves Júnior, wurde 1908 westlich der Stadt Iratí gegründet, und ein Jahr später wurde die ukrainisch-polnische Kolonie Vera Guaraní weiter im Süden nahe derselben Eisenbahnlinie gegründet. Während diese Kolonien sich gut entwickelten, gingen zwei andere federale Kolonien fast zugrunde. Die eine, Cruz Machado, die 1912 ca. 30 km nordwestlich von União da Vitoria gegründet wurde, wurde mit Slawen und Deutschen besiedelt, während das 1928 gegründete Cândido Abreu, annähernd 200 km westlich von Ponta Grossa im wenig hoch gelegenen Tale des Rio Ivaí, hauptsächlich von Deutschen besiedelt wurde; von diesen starben bald viele während einer Malariaepidemie und die übrigen zogen infolge von Transportschwierigkeiten weg.

Bis zum Ende der 20er Jahre entwickelten sich viele kleine Kolonien auf dem ersten und zweiten Planalto, die durch campos oder durch Großgrundbesitzern gehörende Wälder voneinander getrennt waren. Es gab weder eine zusammenhängende Kolonisation in großem Maßstab, noch eine Anhäufung von Reichtum, die mit einigen deutschen und italienischen Kolonien in den anderen beiden Staaten zu vergleichen war. Diese Situation veränderte sich, als 1920 die Kolonisation nach Westen auf den 3. Planalto mit seinem fruchtbaren terra roxa-Boden und seinen großen unbewohnten Waldländereien vordrang. Und es war wiederum eine private Kolonisationsgesellschaft, die sich im Norden Paranás niederließ und vielleicht das beste und blühendste Kolonisationsunternehmen ganz Brasiliens, wenn nicht Südamerikas, ist.

Das britische Unternehmen „Paraná Plantation Ltd.", heute „Companhia de Terras Norte do Paraná" kaufte etwa 13 000 km^2 Waldland südlich des Staates São Paulo, im Dreieck zwischen den Flüssen Paranapanema, Paraná und Ivaí. Die Besiedlung begann 1929 im östlichsten Teil des erworbenen Gebietes, in Londrina, in einer Höhe von 600 m. Sechs Jahre später hatte die Gesellschaft eine Eisenbahnlinie erbaut, die die Kolonie mit dem Eisenbahnsystem der Stadt São Paulo im Osten verband. Nach Westen zu wurden entlang der Wasserscheide zwischen Paranapanema und Ivaí in Höhen zwischen 700–900 m Straßen erbaut, entlang derer sich die Besiedlung schnell nach Westen ausdehnte. Heute befindet sich die Pioniergrenze westlich von Maringá, etwa 130 km von Londrina entfernt, in einer Höhe von ca. 600 m. Die Hälfte der Ländereien ist an fast 16 000 Kolonisten europäischer, japanischer und lusobrasilianischer Herkunft verkauft worden, von denen letztere aus fast allen Staaten Brasiliens stammen. Etwa 200 000 Menschen leben in dem Gebiet der Companhia, das vor 20 Jahren noch unbesiedelt war; davon leben ungefähr 50 % in städtischen Siedlungen. Aufgrund des Klimas der tierra templada sind Kaffee und Baumwolle die hauptsächlichsten Handelsprodukte des Gebietes und dies ist der Grund für dessen großen Reichtum und Wohlstand.

Der Norden Paranás ist heute im weitesten Sinne das fortschrittlichste Gebiet des Staates, und die Regierung ist lebhaft daran interessiert, diese periphere Zone mit dem zentralen Teil des Staates zu verbinden, mit Hilfe des Straßen- und Eisenbahnbaus und durch die Gründung neuer Kolonien auf dem 3. Planalto.

Seit den ersten Jahrzehnten des 19. Jahrhunderts hatte sich eine Pionierfront von Viehfazendeiros und Negersklaven im südöstlichen Bereich des 3. Planalto auf den campos von Palmas und Guarapuava (1100 m) gebildet. Die Bevölkerung dieser Pionierzone war vom übrigen Staat durch Wälder und weite Entfernungen völlig isoliert, vermehrte sich sehr langsam und erreichte 1920 nur ungefähr 50 000 Menschen. Dann wurden Autostraßen gebaut, und 1940 hatte sich die Bevölkerung der beiden Munizipien fast verdoppelt.

Der Bau von Straßen in den 30er Jahren zog erstmals europäische Kolonisten in die Wälder dieser weit entfernten Region; es ist interessant zu sehen, daß wiederum Leute aus Rio Grande do Sul die neue Pionierbewegung begannen. Entlang der Straße, die von União da Vitoria nach Westen bis Palmas geht, wurde die Kolonie Santa Barbara durch eine Privatgesellschaft gegründet, die sie mit Slawen und Italienern besiedelte.

1942 gründete der Staat Paraná die Kolonie Pato Branco, westlich der campos von Palmas in einer Höhe von ungefähr 800 m. Italiener, Deutsche, Polen aus Rio Grande do Sul bildeten den Hauptteil der Bevölkerung der Kolonie. Dies ist wahrscheinlich der Beginn einer neuen Pionierzone, die sich nach W und N ausdehnen wird.

Eine zweite Pionierzone entwickelt sich momentan entlang der Straße, die Guarapuava nach N mit Maringá im Gebiet der „Companhia de Terras Norte do Paraná" verbindet. Selbst bevor diese Straße für LKW befahrbar war, nahmen lusobrasilianische Intrusos und Europäer seit 1928 große Flächen Waldland im Gebiet von Pitanga in Besitz. Die staatlich gelenkte Kolonisation begann jedoch erst 1940, als die Straße verbessert worden war und Maringá einige Jahre später erreicht hatte. Nun wurden verschiedene staatliche Kolonien im Gebiet von Campo do Mourão an den südlichen Hängen des Ivaítales gegründet. 1945 lebten dort 2 257 Menschen, von denen nur 62 Ausländer waren. 1948 aber errichtete eine Gruppe Italiener aus Rio Grande do Sul eine Kolonie in Araruna in einer Meereshöhe von 550 m im immergrünen Laubwaldgürtel.

Der Staat Paraná gründete auch eine Kolonie westlich des Gebiets der „Companhia de Terras Norte do Paraná" im Distrikt Paranavaí, die 1948 geschaffen wurde. Der Stadtplatz der Kolonie liegt etwa 20 km westlich der Grenze der Ländereien der Companhia. Es gibt aber dort keine terra roxa und das Klima scheint weniger gesund zu sein als weiter im Osten. 1948 betrug die Gesamtbevölkerung annähernd 5 000 Bewohner, in der Mehrzahl Lusobrasilianer.

Mit diesen und anderen geplanten staatlichen Kolonien breitet sich die Besiedlung nach dem Nordwesten Paranás aus. Aber man kann außerhalb des Gebietes der „Companhia de Terras" noch nicht von einer Pionierzone sprechen. Die Kolonien liegen weit auseinander, sind unregelmäßig verteilt und nicht gut organisiert. Jedenfalls ist dies keine europäische Kolonisation in dem Sinne, wie ich den Begriff verstehe, sondern die sog. „nationale Kolonisation", die durch den Staat organisiert und hauptsächlich zum Vorteil der Lusobrasilianer durchgeführt wird. Ich bezweifle sehr, daß die europäische Kolonisation Gelegenheit haben wird, im Westen Paranás Fuß zu fassen, in einem Gebiet, in dem die einzigen ausgedehnten und unbesiedelten Waldländereien Südbrasiliens erhalten blieben.

ZAHL DER BEVÖLKERUNG EUROPÄISCHER ABSTAMMUNG IN SÜDBRASILIEN

Welches sind die Spuren, die der Weg der europäischen Besiedlung durch Südbrasilien hinterlassen hat. Was haben die Europäer zur Kultur und Zivilisation Südbrasiliens beigetragen? Wie haben sie die Kulturlandschaft geprägt? Um diese Fragen beantworten zu können, wird es notwendig sein, wenigstens eine grobe Vorstellung von der Zahl der Bevölkerung europäischer Abstammung und ihrer rassischen Zusammensetzung in Südbrasilien zu haben.

Die Frage nach der prozentualen Bedeutung der verschiedenen europäischen Elemente in der Bevölkerung Südbrasiliens kann nicht genau beantwortet werden, da die Statistik nur das Geburtsland der im Ausland geborenen und nicht die nationale Herkunft der Menschen europäischer Abstammung erfaßt, die in Brasilien geboren und brasilianische Staatsbürger sind. Diese Klassifikation gibt natürlich nur einen schwachen Hinweis auf die Bedeutung der europäischen Bevölkerung, besonders in Südbrasilien, wo die europäische Kolonisation mehr als 100 Jahre alt ist. Eine bessere Übersicht kann man durch die Statistik der fremdsprachigen Gruppen und durch Schätzungen von Bevölkerungsfachleuten erhalten. Auf der Grundlage der besten verfügbaren Quellen kann die Verteilung der Bevölkerung europäischer Abstammung für das Jahr 1934 folgendermaßen geschätzt werden:

	Deutsche	Italiener	Slawen	Total
Rio Grando do Sul	510.000	405.000	120.000*	1.035.000
Santa Catarina	235.000	100.000	28.000	363.000
Paraná	100.000	53.000	92.000**	245.000
Total	845.000	558.000	240.000	1.643.000

* Diese Zahl scheint übermäßig hoch.
** Diese Zahl scheint viel zu niedrig; sie schließt nicht die Ukrainer ein, die auf etwa 50.000 Personen geschätzt werden.

Die Fläche und die Bevölkerung der drei Staaten wurden 1940 in folgenden Zahlen registriert:

	Fläche in km^2	Bevölkerung	Bevölkerungsdichte pro km^2
Rio Grande do Sul	282.480	3.320.689	11,76
Santa Catarina	94.367	1.178.340	12,49
Paraná	201.288	1.236.276	6,14
Total	578.135	5.735.305	9,92

Auf der Grundlage der europäischen Bevölkerung von 1934 und der Gesamtbevölkerung von 1940 kommt man zu dem Schluß, daß 28,6 % dieser letzteren europäischer Abstammung ist. In Rio Grande do Sul beträgt der Prozentsatz 33 %, in Santa Catarina 30 % und Paraná 20 %. Von der Gesamtzahl der Bevölkerung europäischer Abstammung sind 52 % Deutsche, 34 % Italiener und 14 % Slawen.

LANDWIRTSCHAFTLICHE BETRIEBSSYSTEME

Nach der Form der Kolonisation ist das von den Kolonisten angewandte landwirtschaftliche Betriebssystem der bedeutendste Faktor für die Kolonisation. Diese Dinge werden oftmals für bekannt und von geringem wissenschaftlichen Interesse gehalten. In Wirklichkeit sind die landwirtschaftliche Betriebssysteme aber sehr kompliziert und schließen viele Probleme ein. Sie sind das Objekt zweier Wissenschaften, die in Brasilien wenig bekannt zu sein scheinen: der Agrarwirtschaft und der Agrargeographie.

Sowohl in der brasilianischen, als auch der ausländischen Literatur werden die landwirtschaftlichen Methoden der europäischen Kolonisten in Südbrasilien hoch gerühmt und als ein umfassender Erfolg bezeichnet. Wenn man indessen die Systeme im Gelände studiert, macht man eine bestürzende Beobachtung: die Mehrheit der Kolonisten benutzt das primitivste Ackerbausystem der Welt, das daraus besteht, den Wald abzubrennen, die Lichtung einige Jahre zu bepflanzen und sie danach ruhen und der Sekundärvegetation anheimfallen zu lassen, während neuer Wald zum selben Zweck gerodet wird. Der Kolonist nennt dies „System der roça" oder „capoeira"; in der geographischen Literatur ist es allgemein bekannt als nomadische Landwirtschaft oder Wanderfeldbau. In der Sprache der Agrarwirtschaftler wird es Landwechselwirtschaft genannt.

Dies ist natürlich das System, das die portugiesischen Fazendeiros von den Indianern übernahmen und seither auf ihren großen Besitzungen benutzen. Die Anwendung des Eingeborenensystems des Landwechsels in Brasilien, wie auch in allen anderen Ländern Lateinamerikas, bedeutet die wirtschaftliche und räumliche Trennung des Ackerbaus und der Viehzucht. Nur wenige Brasilianer scheinen sich der ungeheuren Folgen dieser Trennung für das gesamte Leben des Landes bewußt zu sein. Brachte sie doch auf der einen Seite die extensive und primitive Viehzucht und auf der anderen Seite einen gleichermaßen extensiven und primitiven Ackerbau mit sich.

Wenn die extensiven landwirtschaftlichen Betriebssysteme schon in den größten Besitzungen keine befriedigenden Ergebnisse zeitigen, so werden sie bei der Anwendung auf Kleinbesitzen unlogisch und gefährlich. Der Ausdruck „extensiv" besagt, daß von den drei Produktionsfaktoren – Land, Kapital und Arbeitskraft – das Land der wichtigste ist und im Überfluß vorhanden sein muß. Aber dies ist bei den kleinen Besitzstücken der europäischen Kolonisten in Südbrasilien nicht der Fall; trotzdem wandten sie aber von Anfang an bis heute das extensive System des Landwechsels an. In der deutschen wirtschaftlichen Literatur wird dieses System Raubbau (oder extraktive Landwirtschaft) genannt. Aber dieser Begriff ist sehr verwirrend. Er macht nicht klar, daß sowohl die Deutschen, als auch alle übrigen europäischen Kolonisten von den Indianern nicht nur das Landwechselsystem übernahmen, sondern auch die Kulturpflanzen (Mais, schwarze Bohne, Maniok, Süßkartoffel) bis hin zu den Eingeborenengeräten, dem Grab- oder dem Pflanzstock.

Der Soziologe Emílio Willems erkannte in seinem Buch „A aculturação dos alemães no Brasil" (1946) den wirklichen Charakter des Agrarsystems der Kolonisten und erklärte dessen schädigenden Einfluß auf die Kultur und das soziale Leben. Genau das war zu erwarten. Die europäischen Kleinbesitzer konnten nicht Generationen lang das extensivste und primitivste Landwirtschaftssystem der Welt anwenden, ohne wesentliche Elemente ihrer Kultur und Tradition aufzugeben. Besonders in den Gebirgsgegenden mit alter Besiedlung und den abgelegenen Gebieten wurden viele deutsche, italienische, polnische und ukrainische Kolonisten richtige „caboclos", äußerst arme Menschen mit sehr wenig oder gar keiner Bildung, die in sehr primitiven Hütten leben. Diese Gebiete liegen in großer Entfernung von den Eisenbahnen und den modernen Straßen und werden nicht von Touristen oder dem allgemeinen Reisenden besucht.

Ich unterschied drei hauptsächliche landwirtschaftliche Betriebssysteme in den kolonisierten Waldgebieten. Die Kriterien für die Klassifikation sind die angewandten landwirtschaftlichen Methoden, die Kombination Vieh-Ackerbau und die Art, in der die Produkte vorbereitet und für den Handel in Wert gesetzt werden. Nur nebenbei werde ich die Haustypen und die soziale und kulturelle Situation erwähnen, die mit jedem System verbunden sind. Die drei Systeme stellen theoretisch aufeinanderfolgende Stadien der historischen Entwicklung der Agrarlandschaft dar. Die Mehrzahl der Gebiete erreichte nur die zweite Stufe und viele stagnierten bereits im ersten Stadium.

1. DAS SYSTEM DER EINFACHEN LANDWECHSELWIRTSCHAFT

Eine Pionierfamilie beginnt den kulturellen Zyklus, indem sie in einem Gebiet mit unbesiedeltem Wald Land kauft. Dann rodet und brennt sie den Wald in der Art der Indianer; sie pflanzt Mais, schwarze Bohnen und Maniok, wobei man Pflanzstock und Hacke verwendet, baut eine einfache Hütte, zuerst aus Palmblättern und später aus Brettern, i.a. ohne Glasfenster. Um den Überschuß der Ernten zu verwerten, züchtet man Schweine und verkauft das Schmalz oder die lebenden Schweine im Tausch mit einigen Artikeln, die man benötigt und nicht selbst produziert. Mit der Außenwelt besteht nur eine Verbindung durch eine Schneise oder durch primitive Straßen und man lebt in großer Abgeschlossenheit. Den Hauptkontakt hat man mit einem Vendista, dem Krämer der Nachbarschaft, der dick und reich wird, während die arbeitsamen Kolonisten in einer elenden Existenz dahinvegetieren. Ihre Kinder gehen nur ein oder zwei Jahre zur Schule und ein religiöser Kalender ist vielleicht das einzige Buch im Hause. Die regelmäßige Teilnahme am sonntäglichen Gottesdienst in einer entfernten Gemeinde ist die einzige geistige Eingebung, die diese Menschen genießen können.

Unter diesen Umständen ist eine Hebung des sozialen und kulturellen Niveaus der Familie sehr schwierig und bald stellt sich eine Stagnation, wenn nicht Dekadenz ein. Nach Fritz Pflugge, der selbst ein gebildeter und erfahrener Waldkolonist ist, bleibt die Mehrzahl der ursprünglichen Kolonisten in den abgelegenen Gebieten von Santa Catarina auf dieser primitiven Stufe stehen und hat niemals Gelegenheit, diese zu verändern.

Man trifft aber eine ähnliche Situation auch in den Altsiedelgebieten, bes. im Bergland, weil dort der Boden bald erschöpft ist und die Ernten sich schnell verringern.

Dies ist nach Emílio Willems im Distrikt Guabiruba im Munizip Brusque der Fall, das vor ca. 100 Jahren durch deutsche Kolonisten besiedelt wurde. Diese Kolonisten hatten keinen Kontakt mit jüngeren Einwanderern, erschöpften nicht nur ihre Böden, sondern auch ihre physische Widerstandskraft; sie verloren ihre physischen, kulturellen und wirtschaftlichen Werte und wurden caboclos.

Eine ähnliche Situation trifft man im oberen Teil des Steilabfalls der Serra von Rio Grande do Sul in der ältesten deutschen Kolonie São Leopoldo an. In diesem Gebiet, dessen Besiedlung schon vor etwa 120 Jahren begann, war ich bestürzt über das primitive landwirtschaftliche Betriebssystem der Kolonisten. Ihre Felder waren außerordentlich klein und führten mit einer Neigung von 40, 50 und in einigen Fällen selbst $60°$ den Hang hinauf. Die Häuser waren alt und einige befanden sich in vollem Zerfall. Die Leute, die ein schreckliches Deutsch und fast kein Portugiesisch sprachen, machten einen armen und rückständigen Eindruck und bildeten einen Kontrast zu der aktiven und wohlhabenden Bevölkerung, die man auf den tiefer gelegenen, ebenen und fruchtbaren Ländereien der deutschen Kolonie Dois Irmãos und in der höher auf dem Planalto gelegenen italienischen Kolonie Caxias antraf.

2. DAS SYSTEM DER VERBESSERTEN LANDWECHSELWIRTSCHAFT

Nachdem der größte Teil der Wälder verwüstet ist, die Bevölkerungsdichte zugenommen hat und nachdem benutzbare Straßen für die vierrädrigen Wagen der Kolonisten gebaut worden sind, verbessern sich die landwirtschaftlichen Techniken und die wirtschaftlichen Bedingungen beträchtlich. Unter diesen Gegebenheiten entwickeln sich auch an den Straßenkreuzungen kleine Handelszentren der Bevölkerung, wo verschiedene Arten Mühlen eingerichtet werden, die in ihrer Mehrzahl in altem Familienbesitz der Kaufleute stehen. In diesen Mühlen bereitet der Kolonist die Lieferung seiner Produkte für den Markt in einer größeren Menge und zu einem billigeren Preis vor, als er es in der Kolonie machen könnte. Hieraus resultiert die Zunahme seiner Produktion an alten indianischen Nutzpflanzen und die Einführung europäischer Nutzpflanzen sowie Handelswaren. Der Kolonist geht dazu über, außer dem Schwein auch etwas Großvieh zu halten. Dies ist der Grund, warum sich dieser Typ der Landwirtschaft „verbesserte" Landwechselwirtschaft nannte.

Von ausländischen Nutzpflanzen werden Weizen[3] und Roggen im Winter angebaut, während die Kartoffel sowohl im Sommer wie im Winter gedeiht. Der Naßreis ist ausschließlich eine Sommerkultur. Die Bearbeitung dieser zusätzlichen Pflanzungen bedeutet größere Felder und mehr Arbeit für den Kolonisten und seine Familie. Deshalb ersetzte man die menschliche Arbeit durch Tierkraft und benutzt den Pflug und die Egge, die von Pferden gezogen werden, um den Boden zu bearbeiten, wenn er nicht zu abschüssig ist. Aber die Benutzung des Pfluges sagt keineswegs, daß der Kolonist in diesem Stadium auch Dünger auf den bearbeiteten Feldern anwendet. Im Gegenteil, auf dem gepflügten Feld benutzt man dasselbe einfache Landwechselsystem wie an den steilen Hängen, wo man aus technischen Gründen nur die Hacke und den Grabstock anwenden kann.

Dies war eine der größten Lehren, die mir Brasilien vermittelte. Unter Zugrundelegung der Gedanken von Eduard Hahn nehmen die Geographen und Soziologen an, daß der Pflug in der gewohnheitsmäßigen Tätigkeit des Landwechselsystems, das mit der Brandrodung verbunden ist, keinen Platz hat. Die Anwendung des Pfluges ist sofort mit der Verwendung von Dung und dem Fruchtwechsel verbunden. So erhält man eine völlig falsche Vorstellung von den landwirtschaftlichen Betriebssystemen des tropischen Amerika und seiner sozialen und wirtschaftlichen Einrichtungen. An vielen Stellen Südbrasiliens kann man gepflügte Felder sehen, die mit capoeira wechseln. Die capoeira ist der beste Beweis des Landwechsels.

Der europäische Kolonist im zweiten Stadium der landwirtschaftlichen Entwicklung könnte keinen Dünger auf seine Felder bringen, selbst wenn er dies wollte. Dies aus dem einfachen Grund, weil er nicht genügend Vieh hat, um den Dünger in brauchbarer Quantität zu produzieren. Es ist wahr, daß im Vergleich zu den Kolonisten des ersten Stadiums besonders die deutschen Kolonisten einige Stück Vieh züchten, die ihnen Milch und Butter liefern und die auf sorgfältig gepflanzten und gehaltenen Weiden um das Kolonistenhaus herum ernährt werden. Aber diese Art von Viehzucht ist absolut unabhängig vom Ackerbau. Die zwei Hauptformen der Landnutzung bleiben weiterhin getrennt, und die Böden erschöpfen sich schnell.

Die vermehrte landwirtschaftliche Produktion und die Viehzucht erhöhen den wirtschaftlichen Standard und die Kultur des Kolonisten beträchtlich. Dies wird durch die verbesserten Haustypen offenbar, die im Gegensatz zu dem einförmigen Haustyp der Pioniere, einen ausgesprochen nationalen und ethnischen Charakter haben. Zwar herrscht in den jüngsten Koloniegebieten der an Araukarien reichen Planaltos der Standardtyp des Holzhauses vor. In den Altsiedelgebieten von Santa Catarina und Rio Grande do Sul jedoch kann man genau die ethnische Abstammung des Kolonisten durch den Stil seines Wohnhauses erkennen. In den von Deutschen besiedelten Gebieten haben wir das mitteldeutsche Fachwerkhaus mit seiner sichtbaren Holzstruktur, deren Zwischenräume durch rote Backsteine ausgefüllt sind. Einige Italiener wohnen in zweistöckigen Steinhäusern und haben fast immer eine nahe Weinlaube.

---

3 Man weiß i.a. nicht, daß fast der gesamte Weizen Brasiliens nach dem Landwechselsystem angebaut wird!

Die verbesserte wirtschaftliche Situation erlaubt es dem Kolonisten, seine Söhne 4 oder 5 Jahre lang zur Schule zu schicken, anstatt nur 1 oder 2 Jahre, wie dies der Pionier tut; ein oder das andere Mal kommt auch ein Buch oder eine Zeitschrift ins Haus. Möbel werden selbst gemacht, das Haus hat schon Zimmer und entbehrt nicht eines gewissen Komforts. Nach Fritz Plugge erreicht der Lebensstandard der Familie sein Maximum dann, wenn die Kinder erwachsen, aber noch nicht verheiratet sind. Die Heirat der Kinder beraubt den Kolonisten seiner hauptsächlichsten Arbeitskraft, und sein Tod bringt oftmals die Aufteilung der Ländereien in einige kleinere Teilstücke mit sich. Hieraus entsteht sehr häufig Stagnation, wenn nicht Verfall des Landes wie auch Degeneration seiner Besitzer.

Von den drei Stadien der landwirtschaftlichen Entwicklung ist das des verbesserten Landwechsels das verbreitetste. Es kommt besonders auf dem Planalto entlang der Eisenbahnlinien und Straßen vor. In Gebieten, die während 15, 25 oder selbst 30 Jahren unter Anbau stehen, geht alles gut: die Ernten sind groß, die Kolonisten sind wohlhabend und es gibt einen großen Produktionsüberschuß für den Markt. Die Mehrheit der Gebiete, in denen seit 30–50 Jahren Ackerbau betrieben wird, zeigen klare Anzeichen der Stagnation und sogar der Dekadenz. Die Ernten entsprechen nur einem Drittel oder der Hälfte derjenigen vor 1 oder 2 Generationen. Um den Produktionsausfall auszugleichen, gehen die Kolonisten dazu über, größere Flächen zu bebauen.

Dies bedeutet, daß die Ruheperiode in capoeira abgekürzt werden muß, woraus folgt, daß sich der Boden schneller erschöpft als früher. Danach werden die campos erstmals von der Bodenerosion heimgesucht, selbst auf wenig reliefierten Ländereien, und Gräser des natürlichen campo (Aristida sp.) dringen auf den ausgelaugten Boden ein. Andere Anzeichen der Erschöpfung des Bodens sind der vermehrte Maniokanbau (die am wenigsten auslaugende Pflanze, wenigstens was die Bodenbedingungen anbetrifft) und die Eukalyptuspflanzungen.

Die Mehrzahl der Kolonien des Planalto von Rio Grande do Sul befindet sich in diesem beklagenswerten Zustand. Die erste Kolonistengeneration, die die Wälder um 1890 rodete und die nach einigen Jahren Pionierdaseins das System des verbesserten Landwechsels einführte, wurde bald wohlhabend und besaß gute Besitztümer. Die zweite Generation wandte dieselben landwirtschaftlichen Praktiken an, was ein beträchtliches Absinken ihres wirtschaftlichen Niveaus zur Folge hatte. Die dritte Generation mußte sich entweder einer anderen Region zuwenden oder sie wurde zu caboclos. Die Zahl der europäischen caboclos ist erstaunlich hoch, sogar in Kolonien, die vor 25 Jahren noch als Musterkolonien betrachtet wurden.

In vielen Kolonien des Planalto von Rio Grande do Sul herrscht Alarmzustand, was bei den intelligentesten Kolonisten beträchtliche Sorgen hervorruft. Sie wissen, daß das System des Landwechsels die Grundlage ihrer Klagen ist, daß sie bessere landwirtschaftliche Techniken anwenden müssen und eine dauerhafte Landnutzung. Das große Problem ist: wie kann man die nomadische Landwirtschaft seßhaft machen, wie den Landwechsel zum Fruchtwechsel?

Es ist für einen Einzelnen oder eine Gruppe leicht und einfach, den kulturellen und wirtschaftlichen Standard absinken zu lassen, aber ihn von neuem wieder zu erhöhen, ist eine riesenhafte Aufgabe, die Energie, Bildung und Geld erfordert. Ohne Hilfe der Bundes- und der Staatsregierung werden viele europäische Kolonien in Südbrasilien binnen weniger Jahrzehnte verloren sein.

3. FRUCHTWECHSEL VERBUNDEN MIT VIEHZUCHT

Das letzte Stadium der landwirtschaftlichen Entwicklung in Südbrasilien ist die Anwendung des Fruchtwechsels auf gepflügten und gedüngten Feldern. Um den Boden zu pflügen, benötigt der Kolonist einen Pflug und ein oder zwei Pferde, die er immer als Last- oder Zugtiere besitzt. Um genügend Dünger für seine Felder zu erhalten, benötigt er außerdem 10—20 Rinder und muß besonders im Winter Futter pflanzen, um sie zu ernähren. Darüberhinaus benötigt er einen festen Stall, um das Vieh während der Nacht einzustellen und auch ein Überdach, um den aufgestapelten Dünger gegen Regen und Sonne zu schützen. In anderen Worten: die Düngung ist Teil eines wirtschaftlichen Planes, der viel schwieriger ist als die Bodenbearbeitung und viel mehr Arbeit, Kapital und Kenntnisse verlangt. Während das System des Landwechsels auf der pflanzlichen Produktion basiert, dreht sich im neuen System alles um die Viehzucht. Aber dies bedeutet nicht, daß sich die pflanzliche Produktion verringert. Im Gegenteil. Außer allen in den frühen Stadien der Landwirtschaft angebauten Produkten treten auch neue Pflanzen auf. Es sind Futterpflanzen wie Luzerne, Saubohnen, Spoergel und selbst Pflanzen wie Weißkohl und Rüben. Der größte Teil davon wird im Winter angepflanzt und liefert Grünfutter für die Tiere oder wird in einigen wenigen Fällen in Silos gelagert. Die große Vielfalt der Pflanzen macht ein bestimmtes System des Wechsels erforderlich, das von einem zum andern Besitz und von einem Gebiet zum andern sehr verschieden ist. Der Grundgedanke ist, Getreide mit Wurzelgewächsen und Leguminosen häufig zu wechseln, um den Boden mit Stickstoff anzureichern.

Das Vieh, das dieser Kolonistentyp züchtet, ist europäischer Rasse, in der Mehrzahl Schweizer, Holsteiner oder holländisches Halbblut. Man muß während der ganzen Woche, auch an Sonn- und Feiertagen, für das Vieh sorgen. Diese große Arbeitsintensität wird als Grund angesehen, warum die Polen i.a. das System nicht lieben. Auch die Italiener begeistern sich nicht sehr dafür. Aber die Deutschen bevorzugen es und hauptsächlich deswegen kamen sie in den gerechten Ruf, die besseren Kolonisten zu sein. Die enorm vermehrte landwirtschaftliche Produktion überstieg die Kapazität der alten Mühlen, die durch Privatfamilien individuell verwaltet wurden. Es war aber notwendig, Fabriken zu haben, die mit Kohle und Elektrizität arbeiten, um die landwirtschaftlicher Produktion zu verwerten. Dafür aber ist Kapital notwendig, das nur von Kooperativen, Kapitaleignern oder Banken gestellt werden kann.

So wurden Fabriken für Sahne, Butter und Käse, Mühlen für Weizen, Maniokmehl und Reis, Kühlhäuser etc. eingerichtet. Ihre Produkte sind genormt und gleichartig und erzielen bessere Preise als die der alten und primitiven Mühlen.

Nur eine wertvolle Handelsware ermöglicht es einem Kolonisten und ermuntert ihn, Arbeit und das nötige Kapital in das neue System zu investieren. In der Nähe der Städte wie Curitiba, Joinville, Blumenau, Caxias do Sul, São Leopoldo und einigen kleineren Städten in Rio Grande do Sul hängt das System von den Milchprodukten ab. In den weiter entfernten Gebieten hängt es von wertvollen landwirtschaftlichen Produkten wie Luzerne (im Caí-Tal in Rio Grande do Sul) oder Tabak weiter westlich in der Kolonie Santa Cruz ab.

In allen diesen Gebieten trifft man eine wohlhabende ländliche Bevölkerung und denselben Typ der Kulturlandschaft an. Der Wohlstand dieser Kolonisten spiegelt sich deutlich im Haustyp wider. Diese modernen Bauern bevorzugen offensichtlich die alten, im nationalen Stil erbauten Häuser nicht mehr, die ihre Väter erbauten, als sie sich im zweiten Stadium der Entwicklung befanden. Statt dessen entwickelte sich ein neuer Haustyp von mehr vorstädtischem Charakter, der vollkommen aus Backsteinen oder Stein erbaut ist, mit einer Veranda an einer oder zwei Seiten, die durch Bogen gestützt sind. Oft bieten die außen weiß gekalkten Häuser mit ihren weißen Vorhängen und ihren von Palmen beschatteten Blumenbeeten wirklich ein schönes Bild.

Diese wohlhabenden Kolonisten können sich den Luxus leisten, ihren Söhnen eine höhere Bildung zu ermöglichen, und sie selbst bleiben in Kontakt mit der Welt durch die Lektüre von Zeitungen, Büchern und Fachzeitschriften. Sie haben Radio und Plattenspieler und lieben einen Lebensstandard, der sich dem des mittleren Farmers der Vereinigten Staaten nähert.

Wir kommen zu einer wichtigen Frage. Wieviele europäische Kolonisten in Südbrasilien haben dieses fortgeschrittenere Stadium landwirtschaftlicher Entwicklung erreicht, eine Stufe, die in Europa und in den USA so allgemein verbreitet ist?

Wieviele wenden mit Erfolg das System des verbesserten Landwechsels an und wieviele sind noch im ersten Stadium oder bleiben in der Phase der Dekadenz und der Stagnation des zweiten Stadiums zurück?

Diese Fragen sind natürlich sehr schwer zu beantworten. Aufgrund persönlicher Erfahrung in der Mehrzahl der Kolonisationsgebiete und durch Diskussion mit intelligenten und erfahrenen Kolonisten über die wirtschaftliche und kulturelle Situation vieler Kolonien kam ich zu folgendem Schluß: nur ca. 5 % aller europäischen Kolonisten Südbrasiliens erreichten das dritte Stadium landwirtschaftlicher Entwicklung; 50 % leben im zweiten Stadium auf noch nicht erschöpften Ländereien und 45 % befinden sich entweder im ersten oder in der Phase der Dekadenz oder Stagnation des zweiten Stadiums. Was die wirtschaftliche Situation anbetrifft, glaube ich, daß es etwa 25 % gut geht, 50 % mäßig und die anderen 25 % sich in armen und elenden Verhältnissen befinden.

Diese Zahlen beweisen klar, selbst wenn sie übertrieben sein sollten, daß irgend etwas bei der europäischen Kolonisation Südbrasiliens falsch ist. Meiner Meinung nach sind hauptsächlich drei Tatsachen für die gegenwärtige Situation verantwortlich. Erstens: fast alle europäischen Kolonisten, die nach Südbrasilien auswanderten, waren arm und nur sehr wenige waren ausgebildete und erfahrene Landwirte. Sie konnten dem neuen wirtschaftlichen Milieu keinen Widerstand entgegensetzen und

nahmen schnell die landwirtschaftlichen Betriebssysteme der Eingeborenen an.
Zweitens: Als die kaiserliche Regierung und später die Provinzen und Staaten planten, das europäische System der kleinen Familienbesitze in Brasilien einzurichten, war ihr Hauptgedanke die Besiedlung unbewohnter Gebiete. Sie schenkten der wirtschaftlichen Situation der Kolonisten wenig Aufmerksamkeit, und der größte Teil wurde in abgelegenen Gebieten angesiedelt, sehr weit von jedem städtischen Markt entfernt. Unter diesen Umständen drängten sich den Kolonisten die Subsistenzlandwirtschaft und die primitiven landwirtschaftlichen Betriebssysteme auf, ob sie sie wollten oder nicht.
Drittens: In der Vermutung, daß die europäischen Kolonisten das extensive System des Landwechsels annehmen würden, hätten sowohl die Regierung, als auch alle privaten Kolonisationsgesellschaften den Kolonisten viel größere Besitzstücke zuteilen müssen. Ein extensives landwirtschaftliches System auf Kleinbesitz anzuwenden, ist ein Widerspruch in sich selbst. Dies führt uns zur Betrachtung der Durchschnittsgröße des Landbesitzes der Waldkolonisten in Südbrasilien.

DIE BESITZGRÖSSEN

In ganz Südbrasilien beträgt die mittlere Besitzgröße eines Waldkolonisten 25 bis 30 ha. Es ist überraschend, wie die Mehrheit der Kolonisten und sogar Agronomen diese Betriebsgröße hinnehmen, ohne ihre Berechtigung und ihre Zweckmäßigkeit zu bezweifeln. Meiner Meinung nach ist ein Besitz von 25–30 ha für die Anwendung des Landwechselsystems, besonders im gebirgigen Gelände, viel zu klein.

Das Problem der angemessenen Besitzgröße ist für jegliches Kolonisationsprojekt lebenswichtig und müßte vor Beginn der Kolonisation nach allen Gesichtspunkten sorgfältig studiert werden. Zum Verständnis des Problems möchte ich den deutschen Ausdruck „minimale Ackernahrung" anwenden; der Begriff bezieht sich auf das Minimum an Land, das ein Bauer und seine Familie benötigt, um sich einen angemessenen wirtschaftlichen und kulturellen Standard zu ermöglichen. Die minimale Ackernahrung hängt hauptsächlich von zwei Faktoren ab: den physischen Eigenschaften des Bodens und dem landwirtschaftlichen Betriebssystem, das der Bauer anwenden muß.

Nun kommt die Kernfrage. Wieviel ist, oder wieviel muß die minimale Ackernahrung für einen Kolonisten in Südbrasilien betragen, der das Landwechselsystem anwenden will? Um die Frage zu beantworten, müssen wir eine kleine Berechnung durchführen.

Es ist allgemein bekannt, daß in den Waldgebieten Südbrasiliens eine aus 5–7 Personen bestehende Familie 5 Hektar Anbaufläche benötigt, um einen angemessenen Lebensstandard aufrechtzuerhalten.

Wir nehmen an, daß die ersten 5 ha gerodetes Land nur 1 Jahr bepflanzt werden und danach drei Jahre lang ruhen. In diesem Fall braucht der Landwirt 5 + 15, d.h. 20 ha. Wenn er die capoeira 6 Jahre lang wachsen ließe, würde er 5 + 30, oder 35 ha benötigen usw. Je länger die schon bestellten Felder als capoeira bleiben, desto besser wird dies für die Erholung des Bodens sein und desto mehr Land würde der Bauer natürlich benötigen. Der Idealfall wäre, die neue Bestellung der capoeira zu verschieben, bis die ursprüngliche Bodenfruchtbarkeit sich wieder eingestellt hätte. Nach Meinung der Mehrheit der Kolonisten, mit denen ich sprach, würde dies 10–12 Jahre bei guten Böden und 15–20 Jahre bei armen Böden erfordern. Während dieser Zeit würde die capoeira hoch und dicht und bildet eine Sekundärwald, der capoeirão genannt wird.

Wir können nun die Frage der minimalen Ackernahrung beantworten. Sie müßte zwischen 55 [(5x10) + 5] und 65 [(5x12) + 5] ha bei guten Böden betragen und zwischen 80 [(5x15) + 5] und 105 [(5x20) + 5] bei schlechten.

Diese Zahlen sind natürlich nur ein Näherungswert und variieren beträchtlich entsprechend der Topographie und den Bodenbedingungen. Aber sie beweisen klar, daß die Besitzgröße von 25–30 ha „zu klein" ist für die Anwendung des Landwechselsystems. Die Folge ist, daß der Kolonist einen viel schnelleren Landwechsel anwenden und seine capoeira alle 6, 5 oder gar 3 Jahre bepflanzen muß. Hieraus resultiert die schnelle Erschöpfung der Böden, das Zurückgehen der Ernten und die sich einstellende wirtschaftliche Stagnation.

Das Absinken der Bodenfruchtbarkeit und des Lebensstandards wird sogar noch durch die allgemeine Erbteilung verschnellert. An vielen Orten besitzen die Kolonisten heute nur die Hälfte oder ein Viertel des Besitzstückes, d.h. 15 oder 7 ha und wenden noch das Landwechselsystem an. Obwohl sie hart arbeiten, gelingt es diesen armen Menschen nur, in einem elenden Leben dahinzuvegetieren.

Emílio Willems beschrieb die Stagnation des Distriktes Guabiruba im Munizip Brusque wie folgt: „Die Besitzteilung erreichte den Punkt, an dem die Ländereien die großen Familien nicht mehr ernähren konnten und die Söhne gezwungen waren, in den lokalen Fabriken nach Arbeit zu suchen. Die von der Erschöpfung der Böden und von einer wirtschaftlichen, physischen und moralischen Verarmung der Bevölkerung begleitete Erbteilung führt zur langsamen, aber unabänderlichen Proletarisierung von Hunderten von ländlichen Familien. Und dies geschieht in einem Gebiet mit ungeheuren Reserven an jungfräulichem Land."

Unter diesen Umständen wandert besonders die Jugend vom Lande in die Städte oder in neue Pionierzonen, wo sie Land zu erwerben sucht und denselben wirtschaftlichen Zyklus beginnt. Die Kolonisten sind mit dem Boden ihrer Vorfahren innerlich wenig verbunden. Sie verkaufen oder verlassen ihn, sobald sich eine Gelegenheit bietet. Diese Haltung ist die direkte Folge des Landwechselsystems und ähnelt dem Nomandentum des caboclos oder des Indianers. Das Übergreifen der Pionierfront von Rio Grande do Sul nach den benachbarten Gebieten von Santa Catarina und Paraná ist auch zum großen Teil mit diesem landwirtschaftlichen Betriebssystem verknüpft. Die Menschen wandern nicht so sehr wegen der Bevölkerungszunahme, sondern infolge der Verschlechterung des Bodens aus. Es ist interessant, daß besonders die Deutschen mit Haus und Hof und ihrem Boden wenig verwurzelt sind. Die „Blut und Boden"-Theorie von Hitler wurde in Südbrasilien bestimmt nicht verwirklicht.

Während das Landwechselsystem Besitzgrößen erfordert, die nach europäischem

Maßstab als groß betrachtet werden müssen, kann das System des Fruchtwechsels auf viel kleineren Parzellen mit durchschnittlich 10-15 ha angewandt werden.

SIEDLUNGSFORM

Schließlich ist noch die Siedlungsform für die Kolonisation von großer Bedeutung. Die Kolonisten können sich in der Haufensiedlung der Dörfer oder in zerstreuter Siedlungsweise niederlassen. Die beiden Systeme haben ihre Vor- und Nachteile. Bei der Haufensiedlung kann das soziale und kommunale Leben leicht beibehalten werden; der Schul- und Gottesdienstbesuch bereitet keine Schwierigkeit. Das Problem liegt darin, daß das Land eines Bauern in beträchtlicher Entfernung von seinem Haus am Stadtplatz liegt, und daß er durch den Hin- und Rückweg viel Zeit verliert. Die Streusiedlung hat den Vorteil, daß der Bauer auf seinem Land lebt, und daß sein Haus von seinem Ackerland, seinen Weiden und seinem Wald etc. umgeben ist. Dies macht die Bestellung des Besitzes sehr viel leichter. Der Nachteil ist, daß der Kolonist von seinen Nachbarn getrennt lebt, und daß die sozialen und kulturellen Kontakte zwischen den Mitgliedern einer Gemeinde besonders im Pionierstadium sehr schwierig aufrechtzuerhalten sind.

LÄNDLICHE SIEDLUNG

Überall in den Waldgebieten Südbrasiliens haben wir ländliche Streusiedlung. Die Besitze sind jedoch nicht unregelmäßig gestreut wie im Mittleren Westen der Vereinigten Staaten, sondern sind entlang bestimmter Linien angeordnet. Diese Linien sind die Schneisen, die von den Pionieren im Urwald geschlagen wurden und von Anfang an als Verbindungswege und Straßen dienten. In den gebirgigen Zonen der alten Kolonisation folgen die Kolonielinien normalerweise den Sohlen der Flußtäler, und auf jeder Seite sind die Landstücke der Kolonisten in einer Entfernung von jeweils einigen hundert Metern aufgereiht. Einige Kolonieschneisen haben eine Ausdehnung von 10 oder 20 km, und Hunderte von Landstücken verteilen sich entlang dieser. Diese Besitzstücke sind entlang der Straße und des Flusses schmal, aber sie erstrecken sich in einem langen rechteckigen Band in die Tiefe, oftmals bis zur Wasserscheide.

Es ist dies genau der Siedlungs- und Landverteilungstyp, der am Ende des Mittelalters bei der Kolonisation der Mittelgebirge Ostdeutschlands angewandt wurde. Dort wird dieser Siedlungstyp Waldhufendorf genannt.

Das Vorkommen des mittelalterlichen deutschen Waldhufendorfs in Südbrasilien wirft eine Reihe von Problemen auf, die ich hier nicht diskutieren kann. Die interessanteste Tatsache ist, daß dieser Siedlungstyp in Nord-, West- und Süddeutschland, wo die ersten Einwanderer herkamen, fast unbekannt ist. Fast diese gesamte Bevölkerung stammt aus Haufendörfern, wo sie eng zusammengedrängt wohnten.

SIEDLUNGSKERNE

Die Haufensiedlungen sind in Entfernungen von 8–10 km, i.a. an Straßenkreuzungen gelegen. Die Häuser verteilen sich um eine Kirche und einen Friedhof, die Schule und ein oder zwei Kaufläden und Kneipen. Es gibt häufig eine Mühle, einen Schmied und einen Wagner. Diese Siedlungskerne sind in anderen Worten kulturelle, soziale und kommerzielle Zentren, die für die Koloniegebiete sehr charakteristisch sind. Sie sind in den von Luso-Brasilianern bewohnten und vom Latifundiensystem eingenommenen Gebieten völlig unbekannt.

Die Häuser reihen sich entlang einer oder zwei Straßen auf. Diese Siedlungen sind Straßendörfer, wenn man ihren Grundriß auf der Karte betrachtet. Doch ihre Funktion ist nicht die eines europäischen Dorfes, sondern die einer kleinen Stadt. Die Deutschen nennen diese Siedlungsverdichtungen deshalb Stadtplätze, selbst wenn sie nur aus einigen Häusern bestehen.

Außer diesen kleinen ländlichen Handelssiedlungen bildeten sich in den Koloniegebieten viele große und kleine „Stadtkerne". In diesen Städten schufen die europäischen Handwerker, Kaufleute und Fabrikanten wohlhabende Gemeinden, die sich gut mit europäischen Städten gleicher Größe vergleichen können.

Die Städte der deutschen Kolonisation, Joinville und Blumenau, und die der italienischen wie Caxias do Sul sind Perlen der Zivilisation und städtischen Kultur. Auch in vielen lusobrasilianischen Städten, besonders in den Hauptstädten der Staaten, trug das europäische Element viel zur Entwicklung des Handels, der Industrie und der Kultur bei.

Von der gesamten europäischen Bevölkerung Südbrasiliens leben vielleicht etwa 40 % in Städten und 60 % auf dem Lande.

Im Gegensatz zu der ländlichen Kolonisation hatte die „städtische Kolonisation" in Südbrasilien vollen Erfolg. Die Stadtbewohner bleiben im Unterschied zu den Kolonisten in dauernder Verbindung mit Europa, Rio de Janeiro und den Hauptstädten der Staaten. So konnten sie am allgemeinen kulturellen Fortschritt in der Welt teilnehmen und erhielten gleichzeitig ihre ethnische Eigenart bis in die jüngste Zeit.

Die ländliche Bevölkerung Südbrasiliens, ob deutscher, italienischer, polnischer oder ukrainischer Herkunft, muß jedoch im Vergleich mit dem europäischen und nordamerikanischen Standard als eine rückständige Bevölkerung klassifiziert werden. Alle Dinge, die das moderne Leben angenehm und leicht machen, sind der Mehrzahl der ländlichen Bevölkerung unbekannt; ihr wirtschaftliches und kulturelles Niveau entspricht dem des 18. und dem Anfang des 19. Jahrhunderts. Fritz Plugge, der selbst Kolonist ist, nannte diese schreckliche Situation Urwaldelend, d.h. elendes Leben im Walde. Nach seiner Meinung gibt es nur ein Mittel es zu lösen: die Kultivierung und Kolonisierung der campos Südbrasiliens.

II. ANBAU UND KOLONISATION AUF DEN CAMPOS SÜDBRASILIENS

Die Mehrheit der Brasilianer hält vielleicht den Gedanken einer Agrarkolonisation der campos für völlig verrückt. Es wäre genau so, wie ihnen zu raten, auf dem Wasser zu gehen oder auf dem Lande zu schwimmen. Dies sind Dinge, die gegen die Naturgesetze verstoßen und die einfach unmöglich sind. Die Auffassung, daß kein Anbau auf den campos durchgeführt werden kann, basiert auf dem Glauben, daß ihr Boden zu arm für eine Landwirtschaft ist. Diese Meinung wird dadurch bestärkt, daß in ganz Brasilien die campos nur der Viehzucht dienen, während die Waldgebiete sowohl für den Ackerbau als für die Viehzucht genutzt werden. Das Resultat dieser landwirtschaftlichen Methoden war eine ungeheure Waldverwüstung, während die campos im allgemeinen ihre natürliche Vegetation bewahrt haben.

Ist die Nutzung der campos als Weideland eine Folge der natürlichen oder der wirtschaftlichen Verhältnisse? Ist dies ein Naturgesetz oder ein wirtschaftliches Gesetz? Muß das notwendigerweise so sein oder ist das nur ein Stadium in der Entwicklung der brasilianischen Landwirtschaft. Wenn man nur Brasilien in Betracht zieht, könnte man geneigt sein, zu glauben, daß die wirtschaftliche Arbeitsteilung zwischen Wald und campo auch eine naturgegebene Arbeitsteilung ist. Wenn wir uns aber daran erinnern, wie in den Vereinigten Staaten in den 1830er und 1840er Jahren die Kolonisation und der Ackerbau den Wald verließen und nach Westen, nach den offenen Steppen vordrangen, nachdem diese während vieler Jahre von den Kolonisten gemieden worden waren, dann werden wir in unserer Beurteilung der Zusammenhänge zwischen Vegetation und Bodennutzung vorsichtiger.

In einer Arbeit über „Die Vegetation und Landnutzung auf dem Planalto Central" (siehe S. 9 ff.) brachte ich zum Ausdruck, daß unter gewissen Bedingungen anspruchslose Pflanzen wie Maniok, Baumwolle und Ananas auf den ausgedehnten campos cerrados angebaut werden können, während der campo limpo wegen seiner Bodenbedingungen wahrscheinlich für einen Anbau ungeeignet sein wird.

Nichts wäre falscher, als diese Schlußfolgerungen zu verallgemeinern und sie auch auf das subtropische Brasilien anzuwenden. Hier gibt es keine Trockenzeit; der Regen ist gleichmäßig auf das ganze Jahr verteilt. Es gibt wenige campos cerrados (nur im Norden von Paraná) und die campos limpos sind von denen des tropischen Brasilien sehr verschieden und könnten mit den Feuchtsteppen oder Prärien der gemäßigten Zonen verglichen werden. Während die Böden des tropischen campo limpo trocken, hart und steril sind, ist dies beim subtropischen campo limpo nicht der Fall. Zwar sind auch in Südbrasilien die Böden der campos allgemein ärmer als die Waldböden, aber es gibt viele Ausnahmen von dieser Regel. Außerdem haben die Böden des campo limpo Südbrasiliens keine harte oberflächliche Kruste, was ein nachteiliges allgemeines Merkmal der campos der tropischen Planaltos ist.

RIO GRANDE DO SUL

Im Becken des oberen Rio Negro, entlang der von Pelotas nach Westen führenden Eisenbahnlinie, bei Bajé, wurden kürzlich in großem Maßstab Versuche über den Anbau von Weizen auf campo-Land durchgeführt. Sie waren sehr erfolgreich und nun plant die Regierung des Staates, die großen Viehfazenden zu enteignen und diese Ländereien unter Kleinbesitzern zu verteilen, um den Weizenanbau zu fördern. Es ist keine Überraschung, daß die Steppen des äußersten Südens von Rio Grande do Sul, die an die Pampas Uruguays und Argentiniens angrenzen, kultivierbar sind. Es muß auch daran erinnert werden, daß im 18. Jahrhundert azorianische Einwanderer Weizen auf campo-Land im Osten von Rio Grande do Sul in einem solchen Maße anbauten, daß von 1780—1820 ein beträchtlicher Weizenexport nach Rio de Janeiro bestand.

Das große Problem ist: Sind die campos der Planaltos Südbrasiliens kultivierbar? Diese campos mit ihren mit Wald und campo wechselnden Ländereien bedecken eine ungeheure Fläche und besitzen ein ausgezeichnetes Klima. Heute werden sie von Viehfazenden eingenommen und haben eine außerordentlich spärliche Bevölkerung. Wenn sie für die Landwirtschaft gewonnen würden, könnten sie einer Kolonisation durch Kleinbauern zugänglich gemacht werden und dies würde die wirtschaftliche und soziale Struktur der Planaltos vollkommen verändern.

Auf den westlichen Planaltos von Rio Grande do Sul sieht man große gepflügte campos in der Umgebung von Städten wie Cruz Alta, Caràzinho und Passo Fundo. Diese campos werden zur Pflanzung von ein oder zwei Maniokernten genutzt und danach werden sie zur Belieferung der Städte mit Brennholz mit Eukalyptus bepflanzt. Viele kleinere campos dehnen sich in der Nachbarschaft der Herrenhäuser der Viehfazendeiros aus; man sagt, daß sie während vieler Jahre Maniok liefern, ohne Dünger anzuwenden. Der Mais gedeiht jedoch nicht gut und nach dessen Ernte muß der campo einige Jahre ruhen, bevor man wiederum Anbau betreibt.

Diese Beobachtungen beweisen deutlich, daß die campos der Planaltos von Rio Grande do Sul auch zu kultivieren sind. Auf den Planaltos von Santa Catarina ist bis heute kein Versuch des Anbaus auf Kampland zu sehen. Auf dem Planalto von Paraná aber wurden Anbau und selbst die Kolonisation der campos schon viele Jahre betrieben und es wurden dort auch bemerkenswerte Resultate erzielt.

PARANÁ

Der erste Versuch, die campos des Staates Paraná zu kolonisieren, wurde vor 70 Jahren unternommen und war ein vollständiger Fehlschlag.

In den Jahren 1877—79 siedelte die kaiserliche Regierung ungefähr 1 000 deutsche Familien aus Südrußland, die sog. Wolgadeutschen, auf den campos der Munizipien Ponta Grossa und Lapa an. Das klare Ziel von Regierung und Kolonisation war der Weizenanbau in großem Maßstab. Entgegen den Ratschlägen von Beamten und Privatleuten wollten die Wolgadeutschen nicht die fruchtbaren Waldländereien kolonisieren, sondern den campo, der sie an die Steppe Südrußlands erinnerte. Gleich im ersten Jahr pflügten sie den campo und pflanzten Weizen, wie sie es im südlichen Rußland zu tun gewohnt waren. Dort ist der Boden jedoch außerordentlich fruchtbar und so reich an Humus, daß er fast schwarz ist und viele aufeinanderfolgende Jahre riesige Ernten ohne Verwendung von Dünger hervorbringt. In Paraná war die erste Ernte jedoch ein vollständiger Fehlschlag, und die Kolonisten mußten mit großer Enttäuschung erfahren, daß die Böden des campo limpo arm und viel minderwertiger als die der russischen Steppe sind. Verzweifelt verließen etwa 50 % der Einwanderer Paraná und Brasilien und wanderten nach Argentinien und den Vereinigten Staaten aus oder kehrten nach Europa zurück. Diejenigen, die blieben, widmeten sich entweder dem Transportgeschäft und wurden ziemlich wohlhabende Stadtbewohner, oder sie nahmen das Landwechselsystem an und kultivierten Waldland und ließen den campo als Weide. Die neuen Kolonien wurden an der Grenze zwischen Wald und campo gegründet.

Von den ehemals zahlreichen Kolonien der Wolgadeutschen in Paraná blieben nur vier übrig. Es gibt zwei evangelische Gemeinden im Munizip Palmeira und zwei katholische im Munizip Lapa. Jeder Kolonist erhielt 17 ha Kulturland in einem Stück im Walde, im campo dagegen erhielt er die gleiche Menge Weideland. Dies ist jedoch nicht in Einzelbesitze aufgeteilt, sondern wird als Gemeindeweide genutzt. Die Kolonistenhäuser sind von einem halben Hektar Gartenland umgeben und erstrecken sich beiderseits einer sehr breiten Straße, die ein zusammenhängendes Dorf bildet.

Man würde hoffen, daß das Wohnen in diesen Stadtplätzen den sozialen und kulturellen Standard der Wolgadeutschen auf einem gehobenen Niveau gehalten hätte. Dies geschah aber nicht. Die wirkliche wirtschaftliche, soziale und kulturelle Situation in diesen vier Dörfern ist dieselbe wie die der Mehrheit der Waldkolonisten, die in Streusiedlungen leben. Die Bevölkerung und die Häuser machen keinen günstigen Eindruck, und nur wenige Familien scheinen wohlhabend zu sein. Die Kolonisten haben wenig Vieh, woraus folgt, daß sie nur die Gärten, die die Häuser umgeben, düngen können. Im Wald wenden alle das Landwechselsystem an, und als Folge sind die Böden nach 70 Jahren Bewirtschaftung erschöpft und die Ernten außerordentlich gering. Hier finden wir im Mischgebiet von Wald und campo dieselbe wirtschaftliche und kulturelle Stagnation, die die Waldgebiete alter Kolonisation charakterisiert.

CARAMBEÍ

Dieser erste gescheiterte Versuch, die campos des Staates Paraná zu kolonisieren und agrarwirtschaftlich zu nutzen, entmutigte viele Jahre andere Maßnahmen dieser Art. Der folgende Versuch wurde von der englischen Brazil Railway Co. durchgeführt, die die Eisenbahnlinie zwischen São Paulo und Rio Grande do Sul baute. 1911 gründete die Gesellschaft auf dem höchsten Punkt der Strecke in 1 100 m Höhe zwischen den Städten Castro und Ponta Grossa auf typischem campo limpo zur Förderung des Weizenanbaus eine Kolonie mit Holländern und Deutschen, die Carambeí genannt wurde. Trotz des großen Aufwands an Kapital und Arbeit kam die Kolonie etwa 20 Jahre lang nicht recht voran. Jedoch zu Beginn der 30er Jahre, mit der Ankunft einiger reicher holländischer Plantagenbesitzer aus Ostindien, verbesserten sich die Bedingungen außerordentlich und von allen kleineren Kolonien, die ich bis heute in Brasilien gesehen habe, ist Carambeí die fortschrittlichste und wohlhabendste. Und es liegt mitten im campo limpo!

Wenn man sich mit dem Auto über den campo limpo Carambeí nähert, sieht man auf einer langen und breiten Erhebung einen dunkelgrünen Eukalyptuswald, der hier und da durch das lebhafte Rot der Dächer unterbrochen ist. Beim Betreten der Siedlung, die sich etwa 15 km entlang einer einzigen, dem Kamm der Erhebung folgenden Straße erstreckt, ist man überrascht, moderne, hübsche und saubere Backsteinhäuser, wie in den Vororten der Städte, und Stallungen zu sehen, die besser gebaut und erhalten sind als die Wohnhäuser vieler Waldkolonisten. Um die Gemüsegärten dehnen sich gepflügte Felder und gepflegte Weiden aus, die ein fettes, schwarz-weißes Vieh ernähren, während die Hänge zu beiden Seiten der Erhebung von natürlicher Kampvegetation oder großen Eukalyptus- und Akazienwaldungen bestanden sind. Die Windmühlen, die sich in einer beständigen Brise drehen, die schweren Pferde vor vierrädrigen Wagen, die große Zahl Fahrräder und die blonden, gesunden und kräftigen Menschen ... All das ist so verschieden von dem, was man hier in Brasilien zu sehen gewöhnt ist. Hier hat man in der Tat den Eindruck, in Holland oder im mittleren Westen der Vereinigten Staaten zu sein.

Der große Erfolg dieser kleinen holländischen Kolonie ist umso überraschender, als die Böden von Carambeí nachgewiesenermaßen arm an Nährstoffen sind; Kalzium und Phosphor fehlen vollständig. Aber sie sind tiefgründig, leicht zu pflügen und verhältnismäßig reich an Grundwasser. Ein Boden wie dieser kann nur unter regelmäßiger Anwendung von Kunst- und Stalldünger bebaut werden. Dies sahen die Holländer im Gegensatz zu den Wolgadeutschen gleich zu Anfang ein. Sie sagten uns, daß die englische Eisenbahngesellschaft eine ganze Schiffsladung mit Superphosphatdünger von Europa nach Carambeí schickte. Später legte man Wert auf tierischen Dünger und dazu wurde das Vieh während der Nächte in Ställen gehalten. Diese Bauern konnten ihr Vieh nicht auf dem weiten campo laufen lassen, wie dies die Besitzer der großen Viehfazenden machen. Wegen der Armut der Böden konnten sie auch nicht das Landwechselsystem in der Landwirtschaft anwenden, wie dies bei ihren Nachbarn im Waldgebiet im Osten üblich ist. So machten die Holländer aus der Not eine Tugend und wandten von Anfang an die Fruchtwechselwirtschaft, kombiniert mit der Viehzucht, an, wie sie es in Europa zu tun gewohnt waren.

In anderen Worten: die Kolonisation auf dem campo begann mit dem intensivsten landwirtschaftlichen Betriebssystem, einem System, das Jahrzehnte brauchte, um sich in den Wäldern zu entwickeln, wo es den Höhepunkt einer Reihe von verschiedenen landwirtschaftlichen Stadien bildete. Und während in den Wäldern Südbrasiliens die Kombination von Fruchtwechsel und Viehzucht nur von einer sehr kleinen Zahl von Kolonisten angewandt wird, muß sie auf dem campo jeder Bauer anwenden, um den Ackerbau aufrecht erhalten zu können. Hier ist sie eine conditio sine qua non.

Die Milchprodukte bilden die Basisindustrie von Carambei. Jeder Bauer hat durchschnittlich etwa 20 Kühe, die Kolonie insgesamt etwa 1 000. Das große Problem bildet die Ernährung dieser Tiere während des ganzen Jahres. Zu diesem Zweck hat jeder Eigentümer eine natürliche und eine Kunstweide, baut Futterpflanzen auf gepflügten Feldern an und importiert außerdem Mais und Baumwollsamen aus Nord-Paraná. Mais, Bergreis, Weizen, Kartoffeln, Süßkartoffeln, Maniok, Rüben und Spoergel sind die Hauptprodukte, die auf dem campo von Carambei angepflanzt werden.

Die durchschnittliche Besitzgröße liegt zwischen 50 und 200 ha; davon sind nur 5–10 ha unter Anbau, während 2–3 ha mit Kikuiu-Gras bepflanzt sind.

In Carambei wohnen ungefähr 50–60 Familien, die zu etwa 90 % holländischer Abstammung sind. Die Kolonisten sind in einer landwirtschaftlichen Kooperative organisiert und verkaufen ihre Produkte (Butter) nach Ponta Grossa und Curitiba. Die vorherrschend evangelische Bevölkerung ist Anhänger puritanischer Grundsätze; es gibt in der Gemeinde keine Kneipe.

TERRA NOVA

Eine ähnliche Situation finden wir in der viel jüngeren Kolonie Terra Nova vor, die gleichfalls im Munizip Castro gelegen ist, aber nicht mitten im campo, sondern zum Teil im Waldland. Terra Nova ist eine Gründung der deutschen „Gesellschaft für Siedlung im Auslande", die von der deutschen Regierung begründet und unterstützt wurde und nach bestimmten Plänen und Richtlinien Kolonien in verschiedenen Teilen der Welt einrichtete.

In Terra Nova sollten nach dem ursprünglichen Plan 2 Dörfer auf den Ländereien einer alten Viehfazenda gegründet werden, die eine Fläche von 5 800 ha hatte. Die Dörfer lagen nahe beieinander und waren dennoch sehr verschieden: eines sollte nur von Katholiken, das andere nur von Protestanten bewohnt werden. Die Besiedlung begann 1932, aber von den zwei Dörfern entwickelte sich nur das katholische, Garcês, zufriedenstellend. Der Grund dafür scheint darin zu liegen, daß in Garcês aus Deutschland kommende Einwanderer angesiedelt wurden, die alle etwas Kapital und ein verhältnismäßig hohes Bildungsniveau mit sich brachten. Die Kolonie wurde genau nach dem Vorbild der Dörfer der Wolgadeutschen angelegt, wobei jeder Kolonist 19,3 ha Waldland und 9,6 ha Kampland erhielt, das erstere zur landwirtschaftlichen Nutzung und das letztere zur Viehzucht.

Aber sehr schnell erkannten einige Kolonisten – wahrscheinlich durch die Erfahrungen der Holländer in Carambei beeinflußt – die Möglichkeit, den campo zu bebauen und waren erstaunt zu sehen, wie Mais und Bergreis auf gepflügtem und gedüngtem Land gediehen. Jetzt setzte in Garcês ein entscheidener Wechsel vom Wald zum campo ein, auf dem man einige schöne Kolonistenhäuser sieht, die mit denen von Carambei vergleichbar sind. In Garcês leben 65 Familien. Ein einzelner Kolonist, der sein Ackerland vom Wald auf den campo verlegte, bezahlt dieselben Steuern, die ehemals von dem Besitzer der Fazenda bezahlt wurden, auf der die Kolonie angelegt wurde. Und was das wichtigste ist: der Preis des Kamplandes, der zu Anfang 25 % niedriger war als der des Waldlandes, entspricht nun dem letzteren. Diese Situation der Landpreise ist vielleicht der einzige Fall in ganz Brasilien.

BOQUEIRÃO – CURITIBA

Es gibt eine dritte Kolonie auf dem campo des Staates Paraná. Sie wurde 1933 auf der Basis einer Kooperative von aus Rußland kommenden Mennoniten angelegt, die sich etwa 12 km südöstlich der Stadt Curitiba niederließen. Während alle alten europäischen Kolonisten um Curitiba Waldland ausgesucht hatten, kauften diese Neuankömmlinge eine Viehfazenda auf dem campo und begannen sofort mit dem Anbau nach dem System des Fruchtwechsels mit kombinierter Viehzucht. Es ist interessant, daß eine andere Gruppe aus Rußland kommender Mennoniten, die zur selben Zeit im oberen Itajaítal im Staate Santa Catarina ankam und Ländereien in der Pionierzone in Besitz nahm, das primitive Landwechselsystem anwandte, nicht aus freier Wahl, sondern wegen der großen Entfernung vom Markt, die eine intensive Landwirtschaft unmöglich machte. Nach 15 Jahren gescheiterten Lebens im Walde ziehen nun viele dieser Mennoniten nach der südlichen Steppe von Rio Grande do Sul (Tal des Rio Negro), um mit einer intensiveren Landwirtschaft Weizen anzubauen.

Die Mennoniten von Curitiba erklärten, bis zu unserem Besuch nichts von Carambeí gehört zu haben und sie verstanden meine Frage nach der Herkunft ihres landwirtschaftlichen Systems nicht. Dem Präsidenten der Kooperative schien der Anbau auf dem Kampland eine ganz natürliche Sache zu sein. Er sagte mir, daß der Boden der campos nicht schlecht sei, aber mehr Dünger als der Waldboden benötige. Andererseits sind die Kampländereien leichter von Schädlingen frei zu halten als die des alten Waldlandes.

In der Mennonitenkolonie Curitiba leben 132 Familien, von denen jede 5–10 ha Land hat, das sich rings um den Garten des Besitzes ausdehnt. Der Boden wird gepflügt und gedüngt. Die Fläche des bestellten Landes hängt von der des zur Verfügung stehenden Dungs ab. Diese Beziehung ist von großer Bedeutung! Kartoffeln, Süßkartoffeln, Mais und Roggen sind die hauptsächlichsten Kulturen.

Durchschnittlich hat jeder Kolonist 10–20 Stück Milchvieh, in der Mehrheit Holländer und Schweizer Halbblut. Während der Nacht werden die Tiere in Ställen gehalten, aber tagsüber bleiben sie auf der Gemeindeweide. Diese ist nicht Eigentum der Kolonisten, sondern ist von den benachbarten Fazendeiros gepachtet. Wie in Carambeí muß Futter in Form von Baumwollsaat, Mais, Heu etc., aus Nord-Paraná und sogar aus dem Staat São Paulo eingeführt werden. Es gibt keine Molkerei. Die Milch wird direkt an die städtischen Verbraucher verkauft. Die zwei Straßen der Siedlung erstrecken sich auf einer breiten Erhebung. Infolge der jungen Anlage sind viele Häuser einfach und sogar primitiv; Vieh und Menschen leben unter dem gleichen Dach. Andere Kolonisten erbauten aber feste Ställe und moderne Wohnhäuser, wie die, die man in Carambeí sieht. Die Bodenpreise haben sich von Jahr zu Jahr fast verdoppelt. Vor 14 Jahren betrug der Preis der alqueire (2,42 ha) 1 700 Cruzeiros; heute beträgt er mehr als 20 000 Cr. Und das auf dem campo, allerdings aber in unmittelbarer Nachbarschaft einer großen Stadt.

III. SCHLUSSBETRACHTUNGEN UND VORSCHLÄGE

Durch die Beobachtungen und Tatsachen, über die im zweiten Teil dieser Arbeit berichtet wurde, komme ich zu dem Schluß, daß die campos der Planaltos Südbrasiliens kultiviert und kolonisiert werden können, wenn intensive landwirtschaftliche Methoden angewandt werden, und wenn man sich einen Markt für lohnende Handelsprodukte sichert. Diese Schlußfolgerung wird wahrscheinlich viele Diskussionen und Auseinandersetzungen zwischen den Waldkolonisten hervorrufen.

An dieser Stelle möchte ich eine kurze Geschichte erzählen. Das deutsche Konsulat in Curitiba gab eine landwirtschaftliche Zeitschrift „Centro Agrícola" heraus. In dieser Zeitschrift erschien 1932 ein Artikel mit dem Titel „Colônia Utópia", in dem die Nachteile der Waldkolonisation erläutert wurden und Propaganda für die Kolonisation und den Ackerbau auf dem campo gemacht wurde. Der Verfasser war Fritz Plugge, der selbst Waldkolonist war und den ich schon wiederholt erwähnt habe. Zwei Jahre später wurde er aufgrund der in diesem Artikel dargelegten Gedanken zum Direktor der Kolonie Terra Nova ernannt. Die deutschen Kolonisten hatten indessen eine völlig andere Meinung über den Artikel, der einen ungeheuren Aufruhr unter ihnen verursachte. Der Herausgeber wurde mit Briefen überschüttet, in denen die Gedanken von Herrn Plugge heftig angegriffen und als verrückt und lächerlich bezeichnet wurden. Einige Kolonisten drohten mit der Kündigung des Abonnements der Zeitschrift, wenn nicht diesem Unsinn sofort Einhalt geboten würde. Die Diskussion war lebhaft und hitzig und überhaupt nicht objektiv.

Die Gründe, die gegen die Kolonisation des campo vorgebracht wurden, waren zum Teil dieselben, die schon vor 100 Jahren die Fazendeiros des mittleren Westens der Vereinigten Staaten benutzt hatten, um die Kolonisierung der Prärie in Mißkredit zu bringen. „Die Prärien wurden i.a. aus verschiedenen Gründen von den ersten Siedlern gemieden: 1) Das Fehlen von Baumbestand wurde als Beweis der Unfruchtbarkeit erachtet. 2) Das Holz war eine dringende Notwendigkeit für den Bau von Zäunen und als Brennmaterial. 3) Es gab dort keinen Schutz gegen die strengen winterlichen Winde, die vor allem diese Jahreszeit unangenehm machten. 4) Für den Bauern bildeten die Prärien mit ihrem lederartigen Gras und den ineinander verflochtenen Wurzeln ein neues und in seiner Gesamtheit unbekanntes Problem. Eine gewisse Zeit lang waren die Menschen unfähig, dieses Problem zu lösen und die Prärien wurden als „unbewohnbar für ein Menschenalter" gehalten. Bis 1836 sah man die wenigen, die eine Besitznahme der Prärie für möglich hielten, als verrückte Phantasten an"[4].

---

4   H. H. Barrows: Geography of the Middle Illinois Valley. – Illinois State Geological Survey. Bulletin n° 15, 1910, S. 77–78. Ich danke Miss Wrigley für den Hinweis auf dieses Zitat.

Das Problem, dem sich der Mittelwesten schon vor 100 Jahren gegenübersah und dem Südbrasilien heute gegenübersteht, ist im Grunde dasselbe: es ist die Methode, die Steppe zu kultivieren. In den Vereinigten Staaten, wo der Boden der Prärie viel besser ist als der Waldboden, war das Problem: wie kann man den lederartigen Rasen der Prärie durchbrechen? Es wurde durch die Erfindung des Stahlpflugs gelöst.

In Südbrasilien, wo der Boden des campo ärmer als der Waldboden ist, ist das Problem die Anwendung von genügend Dung und Kunstdünger, um den Anbau zu ermöglichen. In beiden Fällen ist das Grundproblem nicht der natürliche Gegensatz zwischen Wald und Steppe, sondern der wirtschaftliche Gegensatz zwischen verschiedenen landwirtschaftlichen Methoden und Techniken.

In Südbrasilien kann der Waldkolonist das primitive Landwechselsystem anwenden, das weder Kapital noch Kenntnisse fordert, sondern nur Anpassungsfähigkeit und harte Arbeit. Auf dem campo muß der Kolonist auch schwer arbeiten. Aber außer der Arbeit benötigt er Kapital, um Tiere und landwirtschaftliche Geräte zu kaufen und vor allem braucht er Kenntnisse, um ein intensives landwirtschaftliches Betriebssystem anwenden zu können.

Wir können übertrieben sagen: im Wald können alle das Landwechselsystem anwenden, der Indianer, der caboclo lusobrasilianischer Abstammung und der arme europäische Einwanderer ohne Bildung, sei er Deutscher, Italiener oder Pole etc. Auf den campos kann nur der geübte und gebildete Landwirt mit etwas Kapital das mit Viehzucht kombinierte Fruchtwechselsystem anwenden. Dieser muß eine wertvolle Handelsware verkaufen und hängt also vom Markt ab, während der Waldkolonist jahrzehntelang ein armes Leben führen kann, das auf der Landwirtschaft zur Selbstversorgung basiert.

Natürlich kann das Fruchtwechselsystem kombiniert mit der Viehzucht auch im Walde angewandt werden, wenn der Waldboden wie der Kampboden behandelt wird, d.h. regelmäßig gepflügt und gedüngt wird. Von den zwei Methoden ist die Düngung viel wichtiger als die Benutzung des Pfluges. Oft liest man in den Zeitungen, daß die brasilianischen Landwirte den Pflug benutzen müssen, und daß dieser Prozeß der Mechanisierung die wichtigste Maßnahme zur Intensivierung der landwirtschaftlichen Techniken darstellt. Dies ist jedoch nicht der Fall. Der Gebrauch des Pfluges stimmt vollkommen mit dem System des Landwechsels überein, und andererseits wenden die japanischen Kolonisten ein sehr intensives landwirtschaftliches Betriebssystem an, ohne den Pflug zu benutzen. Es ist nicht so sehr die Benutzung von Geräten als die regelmäßige Anwendung von Dung und Kunstdünger und der systematische Fruchtwechsel, die die Grundelemente der intensiven Landwirtschaft bilden. Ohne natürliche Überschwemmung und Bewässerung kann dies nur mittels einer Kombination von Ackerbau und Viehzucht erreicht werden.

Das Fehlen dieses Zusammenwirkens von Ackerbau und Viehzucht ist das grundlegende Problem des wirtschaftlichen Lebens in Brasilien, wie auch in allen anderen Ländern der amerikanischen Tropen. Dort sind die beiden Hauptzweige der Landwirtschaft sowohl wirtschaftlich als auch räumlich getrennt. Dies führt einerseits zu dem primitiven Landwechselsystem und andererseits zu dem gleichermaßen primitiven Weidewirtschaftssystem der großen Fazenden. Auf diese Weise hat Brasilien das wertvollste Düngemittel, den tierischen Dung, verschwendet und verloren und seine Böden haben sich in einem solchen Ausmaße verschlechtert, daß Bauern wie Politiker beunruhigt sind.

Nach dem von Thünen'schen Gesetz ist die isolierte Viehzucht in Form der Weidewirtschaft bei großer Marktentfernung wirtschaftlich gerechtfertigt. Folglich trifft man sie in den abgelegenen Gebieten vieler Länder. Ähnlich wie die Marktentfernung begünstigt ein trockenes Klima die wirtschaftliche Trennung von Ackerbau und Viehzucht. In Brasilien kommt jedoch die Viehzucht in Form der Weidewirtschaft in großen Fazenden nicht nur im fernen Interior und im semiariden Nordosten, sondern auch in feuchten und ehemaligen Waldgebieten entlang der Meeresküste vor. Der Küstensertaõ, oder die demographische „Wüste", längs der Küste ist eine typisch brasilianische Erscheinung, die wir in keinem anderen großen Land der Welt antreffen. Es ist die schreckliche kulturelle Trias Brasiliens: der Mangel an Nahrungsmitteln, die Unterernährung und die Armut der Bevölkerung sind grundlegend mit der betrieblichen und räumlichen Trennung von Ackerbau und Viehzucht verbunden.

Sowohl die Öffentlichkeit als auch die Behörden warnen wohl vor der prekären und gefährlichen Nahrungsmittelsituation des Landes, und grandiose Pläne werden vorgeschlagen und entwickelt, um die Lage zu verbessern. Für mich als Agrargeograph ist das wichtigste, was zu tun ist: die verhänginsvolle betriebliche und räumliche Trennung von Ackerbau und Viehzucht muß beendet werden, die die brasilianische Landwirtschaft wie ein wirtschaftliches Krebsgeschwür aushöhlt. Statt dessen müssen in allen Gebieten, in denen es die klimatischen Bedingungen erlauben, europäisch-amerikanische landwirtschaftliche Betriebsmethoden angewandt werden ... Dies ist zweifellos auf den Planaltos Südbrasiliens mit ihrem Klima der tierra templada und tierra fria der Fall. Nur auf diese Gebiete beziehen sich die folgenden Beobachtungen. Auf das tropische Brasilien werden sie jedoch nicht angewandt; ich möchte diese Abgrenzung sehr klar zum Ausdruck bringen.

Die Landwirte Südbrasiliens müssen lernen, daß die Bodenbedingungen weder endgültig noch unabänderlich sind wie Topographie und Klima, sondern veränderlich sind und durch menschliche Tätigkeit verbessert oder verschlechtert werden können. Die Böden müssen wie Pflanzungen gepflegt und bearbeitet werden! Infolge seiner Jahrhunderte alten Bodenpflege hat Europa, oder wenigstens Mittel- und Westeuropa, wenig oder gar keine Erosion und Bodenerschöpfung. Es ist dies der Aspekt junger Kulturlandschaften und nicht alter. Bei geeigneter Pflege können arme Böden fast dieselben Erträge liefern wie fruchtbare Böden. Die Anwendung von tierischem oder künstlichem Dünger ist die Grundlage der intensiven Landwirtschaft europäischen Typs.

Die Anwendung dieses Systems bedeutet in Brasilien den Bruch einer Jahrhunderte alten Tradition, eine völlige Änderung der landwirtschaftlichen Methoden und die Entwicklung eines neuen Wirtschaftsgeistes. Die alte Generation der Waldkolonisten wird sich nie von Landwechsel auf Fruchtwechsel umstellen; sie wird weiterhin die Wälder abbrennen, bis die letzten Urwaldstücke vom Boden Südbrasiliens verschwunden sind. Um die jüngste Generation und die Kinder in der neuen Anbaumethode zu erziehen, wird es vielleicht einer sehr langen Zeitspanne bedürfen. Ich schlage dafür eine andere Lösung vor, die die schnellste und auch radikalste ist: die Kolonisation der campos der Planaltos Südbrasiliens.

Ich möchte nicht sagen, daß alle campos Südbrasiliens bepflanzt werden müssen und können. Es gibt große Flächen von campo limpo, besonders auf dem paläozoischen Planalto von Paraná, die entschieden nicht für den Anbau geeignet sind. Auf diesem Planalto liegt aber die holländische Kolonie Carambeí. Ich empfehle die Gebiete mit gemischter Wald- und campo-Vegetation besonders zur Besiedlung und Kolonisation. Jeder Kolonist müßte ein kleines Stück Waldland erhalten, das ihm Bau- und Brennholz liefern würde, das Haus der Kolonisten und seine Felder würden jedoch im Kampland liegen. Da hat er Naturweiden und leicht zu pflügende Ländereien, genügend Grundwasser und ein ausgezeichnetes Klima zu seiner Verfügung. Außerdem brauchte sich der Kolonist nicht sehr um den Transport sorgen, was von lebenswichtiger Bedeutung für seine Handelsprodukte ist, da die Eisenbahnlinie von São Paulo nach Rio Grande do Sul hunderte von Kilometern den Wasserscheiden mit ihrer Kampvegetation folgt.

Ich werde nicht die politischen und finanziellen Probleme behandeln, die die Besiedlung oder besser die Wiederbesiedlung dieser campos nach sich ziehen wird. Die großen Viehfazendeiros werden diese Gedanken nicht gern haben oder sie werden zumindest übertriebene Preise für ihr Land fordern. Die größte Schwierigkeit wird es sein, die Kolonisten zu finden, die für den Anbau auf dem campo nötig sind, nämlich den europäischen Kleinbauern, der in intensiver Landwirtschaft ausgebildet und erfahren ist.

Oftmals habe ich den Eindruck, daß man hier in Brasilien hinsichtlich der Kolonisation allein oder hauptsächlich an die Interessen des Landes denkt und den Interessen des Einwanderers wenig oder keine Beachtung schenkt. Dieser muß mit dem zufrieden sein, was man ihm bietet, denken viele Brasilianer. Aber das ist völlig falsch, wie die Geschichte der Kolonisation in Brasilien klar beweist. Kolonisation ist eine Art Ehe zwischen dem Land und einer Person oder Familie, und jeder Teil hat seine Interessen, seine Forderungen, seine Pflichten und Rechte, die von beiden Partnern geachtet werden müssen, wenn die Ehe glücklich sein soll. Die Kolonisten müssen in dem neuen Land rechtliche, soziale und kulturelle Verhältnisse antreffen, die sie vollständig zufriedenstellen. Diese Bedingungen wurden in den nördlichen Vereinigten Staaten geschaffen und waren die Hauptgründe dafür, daß dieser Teil der Welt mehr Einwanderer erhielt, als irgend ein anderes Land.

Die gesetzlichen und sozialen Rahmenbedingungen werden besonders für diejenigen Kolonisten gefordert, die ich für die Besiedlung der campos Südbrasiliens im Sinne habe: den europäischen Kleinbauern mit Kenntnissen und etwas Kapital. Diese Leute sind keineswegs von Brasilien abhängig. Sie haben Möglichkeiten in Argentinien, Kanada, Australien und in vielen anderen Ländern der Welt. Wenn Brasilien diese Einwanderer erhalten und auch behalten will, dann muß es deren Psychologie berücksichtigen, genauso wie die Kolonisten sich dem neuen Land und seinen wirtschaftlichen und kulturellen Gegebenheiten anpassen müssen.

Welches sind nun die sozialen und kulturellen Erfordernisse für eine gedeihliche

und blühende Kolonisation in Brasilien? Ich werde den gesetzlichen Aspekt der Frage auslassen und mich nur auf die Dinge beschränken, die von einem Geographen im Gelände studiert und analysiert werden können. Ich kann hinzufügen, daß meine brasilianischen Assistenten und Reisebegleiter meine Meinung teilen und bei der vergleichenden Betrachtung vieler Kolonien zu demselben Schluß kamen.
Ich möchte drei Punkte hervorheben:
1) Jede Kolonie muß eine ethnische Einheit darstellen.

Hiermit möchte ich andeuten, daß sie von einigen Hundert Holländern, Deutschen, Polen oder Italienern usw. bewohnt werden soll. Ich weiß, daß dieser Punkt gegen das gegenwärtige Gesetz verstößt und viele Meinungsverschiedenheiten und Widerspruch hervorrufen wird. Aber es ist im Interesse des Allgemeinwohls nötig, dies offen und ehrlich zu diskutieren.

Die Absicht der Gesetze von 1938 ist es, die nationale Kolonisation in großem Maßstab, wie sie in einigen Teilen der Staaten Santa Catarina und Rio Grande do Sul stattgefunden hat, zu vermeiden. Es kam dort nach Meinung der Mehrheit der Brasilianer bei einigen deutschen und italienischen Kolonien fast zur Bildung eines „Staates im Staate". Um eine nationale Spaltung zu verhindern, bestimmen die neuen Gesetze, daß nur gemischte Kolonien gegründet werden dürfen. Es steht mir als Ausländer nicht an, die Gesetze des Landes zu kritisieren. Ich hoffe aber, daß es mir erlaubt ist, auf die Tatsache hinzuweisen, daß sowohl Deutsche wie Italiener, Polen und Ukrainer dort das Beste für sich selbst und für Brasilien leisteten, wo sie in geschlossenen Gebieten kolonisierten. Um diese Behauptung zu beweisen, genügt es mir schon, solche Kolonien wie Blumenau, Caxias do Sul, die polnische Kolonie Araucaria und das ukrainische Prudentópolis, die beiden letzteren im Staate Paraná, zu zitieren. Wo die europäischen Kolonisten sich in isolierten Gemeinden oder in kleinen Gruppen zwischen Lusobrasilianern niederließen, stagnierten sie oder wurden caboclos.

Anstatt geschlossener, ethnisch einheitlicher Kolonien hat man heute die Tendenz „gemischte Kolonien" anzulegen, in denen die Lusobrasilianer unter Fremden verschiedener ethnischer Herkunft leben sollen, damit sich die letzteren möglichst schnell assimilieren. Wer an diese Art von Kolonisation glaubt, kennt die Psyche der Einwanderer nicht und hat niemals als Fremder in einer ausländischen Gemeinschaft gelebt. Aber er wird Gelegenheit haben, seine Ansichten zu überprüfen, wenn er den Nucleo colonial Barão de Antonina besucht, der 1930 vom Staat São Paulo als soziales Experiment der gemischten Kolonisation gegründet wurde. 1938 lebten 162 lusobrasilianische und 154 ausländische Familien, Angehörige fünfzehn verschiedener Nationen, in der Kolonie. Die Landstücke wurden so verteilt, daß die Bildungen ethnischer Ballungen innerhalb der Gemeinde unmöglich waren. So hoffte die Verwaltung, daß die Ausländer sich schnell dem brasilianischen Leben und der brasilianischen Kultur angleichen würden und daß die Brasilianer von ihnen die fortschrittlichsten Landwirtschaftsmethoden lernen würden.[5] Was wirklich geschah, war ein Absinken der Ausländer,

---

5 Siehe den Artikel von Pierre Monbeig: The Colonial Nucleus Barão de Antonina. – Geogr. Review, April 1940, S. 260–271.

einschließlich der Japaner, in ihrem landwirtschaftlichen Standard und die Übernahme des Systems der verbesserten Landwechselwirtschaft der Brasilianer. Es gab wenig Hochzeiten zwischen Ausländern verschiedener Nationalität oder zwischen Ausländern und ihren brasilianischen Nachbarn, und man hat den Eindruck, daß die soziale und kulturelle Situation nicht günstig ist. Es muß jedoch erwähnt werden, daß die Entwicklung der Kolonie durch ihre Lage in einem entfernten Winkel des Staates, 88 km von der nächsten Bahnstation entfernt, beeinträchtigt wurde und daß die Transportschwierigkeiten, die Malaria und die von der Verwaltung begangenen Fehler die Durchführung eines „reinen" sozialen Experiments beeinträchtigten.

Nach dem, was ich in Barão de Antonina und in vielen Kolonien Südbrasiliens lernte, wird die erste Generation europäischer Einwanderer nur zufrieden und glücklich sein, wenn es ihr erlaubt wird, eine Gemeinschaft zu bilden, die in ethnischer, sozialer und kultureller Hinsicht einheitlich ist. Man verstehe mich nicht falsch. Ich schlage nicht vor, Einwanderer in großen geschlossenen Kolonien anzusiedeln, wie es in Blumenau oder Caxias do Sul mit Erfolg geschah. Meine Idee ist, verschiedene kleine europäische Gemeinschaften einheitlicher ethnischer Abstammung innerhalb desselben Gebietes zu bilden. So z.B. eine deutsche Kolonie, oder besser Gemeinde, neben einer holländischen; dazwischen eine italienische; polnische und ukrainische Siedlungen um diese herum und alle natürlich inmitten lusobrasilianischer Gemeinden. Bei der Anwendung dieses Prinzips, das man „gestreute ethnische Kolonisation" nennen könnte, besteht keine Gefahr der Bildung von Ballungen, und den Kolonisten wird es auch ermöglicht, ein Gefühl der Gemeinschaft und Einheit zu entwickeln.

Dieses Prinzip ist im Munizip Castro schon in die Praxis umgesetzt worden, das für die Kolonisation als weiteres Versuchsfeld betrachtet werden kann. Dasselbe Prinzip entwickelte sich spontan unter den ersten Siedlungen der USA, besonders im Mittelwesten; aber in der zweiten und dritten Generation wurde es vernachlässigt, und heute findet man kaum noch Überbleibsel davon. Jedenfalls muß man heute ein genauer Beobachter sein, um sie inmitten der vermengten Bevölkerung zu entdecken.

Nun, warum sollte Brasilien die gestreute ethnische Kolonisation vermeiden, die doch offenkundig ein natürlicher Wunsch der Einwanderer ist, und die in den Vereinigten Staaten so guten Erfolg hatte? Man täusche sich nicht. Die gestreute ethnische Kolonsation ist für Brasilien viel wichtiger und notwendiger für eine erfolgreiche Kolonisation, als sie es jemals für die Vereinigten Staaten war. Und warum?

Im Mittelwesten der Vereinigten Staten treffen die europäischen Einwanderer ein völlig neues soziales Milieu an, in dem die alten Institutionen Europas, das Latifundiensystem, das Militär und die Kirche ihre Macht verloren hatten. Das Land konnte von irgend jemand frei in Besitz genommen werden, die Einwanderer erwarben bald alle Bürgerrechte und nahmen an der Bildung einer neuen Gesellschaft teil. Die Vereinigten Staaten sind eine „Neue Welt", nicht so sehr geographisch wie sozial. Und dies ist, was die Europäer unter dem magischen Wort „Amerika" verstehen.

In diesem Sinne des Wortes gehört Brasilien nicht zu Amerika. Der europäische Einwanderer trifft in Brasilien nicht eine neue, sondern sozial und kulturell eine alte Welt an, mit denselben Institutionen, die er in Europa zurückließ. Für die Italiener, Spanier oder Portugiesen bedeutet dies nicht viel. Aber die Mitteleuropäer treffen in Brasilien ein völlig unterschiedliches Milieu an; sie wandern nicht nach Amerika, sondern nach Portugal aus. Und dies ist der Grund, warum diese Leute, die Brasilien braucht, weil sie zu den besten Bauern der Welt gehören, so viele Schwierigkeiten haben, um sich dem neuen Lande anzupassen. Und gerade deswegen muß ihnen die Gelegenheit gegeben werden, sich – anstatt einzeln – in Gruppen zu assimilieren und auch Gemeinden zu bilden, die vom ethnischen Gesichtspunkt her einheitlich sind. Ich bin sicher, daß die zweite Generation und die folgenden sich dann assimilieren werden, wie dies in den Vereinigten Staaten geschah.

2) Jede Kolonie sollte nicht nur ethnisch, sondern auch vom religiösen Gesichtspunkt aus einheitlich sein.

Um diesen Punkt zu verdeutlichen, müssen wir daran erinnern, daß Mittel- und Osteuropa – aus religiöser Sicht – zersplittert sind. Für den Kolonisten dieser Gebiete ist die Religion nach der Sprache das wichtigste Element des Lebens in seiner Gemeinschaft. Es lohnt, sich anzusehen, wie an Sonntagen die Kolonisten aus allen Teilen mit Wagen oder Pferd zur Kirche kommen und nach Beendigung des Gottesdienstes nachher noch stundenlang zum Reden zusammenbleiben. Für den Kolonisten ist der Gottesdienst das wichtigste soziale Ereignis der Woche.

Die Kolonisten selbst haben klar gezeigt, wie wichtig ihnen der einheitliche religiöse Charakter einer Kolonie ist. Als die Wolgadeutschen nach Brasilien kamen, bestanden sie auf dem Recht, religiös getrennte Gemeinden bilden zu können. Dies wurde ihnen durch die kaiserliche Regierung zugesichert. Gegenwärtig sind die vier Dörfer der Wolgadeutschen im Staate Paraná entweder ausschließlich katholisch oder evangelisch.

Der Originalplan für die deutsche Kolonie Terra Nova sah die Gründung von zwei Dörfern vor, einem evangelischen und einem katholischen. Dieser Plan wurde 1933 von den Nationalsozialisten ausgearbeitet, die an sich an der Religion überhaupt kein Interesse hatten. Sie wußten aber, wie viel dies für die zukünftigen Kolonisten bedeutete. Garcês, das daraus entstandene Dorf, ist hauptsächlich von Katholiken bewohnt, während das holländische Dorf Carambeí vorherrschend evangelisch ist.

In den alten Kolonisationsgebieten von Rio Grande do Sul und Santa Catarina haben religiöse Streitigkeiten zwischen Katholiken und Protestanten in vielen Kolonien ungeheuren Schaden verursacht. Angesichts dessen siedelten sich die Kolonisten in den weiter im Westen gegründeten jüngsten Kolonien oftmals spontan nach der Religion getrennt an.

Sehr wichtig ist für jede Kolonie die Persönlichkeit des Priesters. Er muß ein wirklicher Führer in allen Belangen sein, die sich auf die Kolonie beziehen. Der Pastor der evangelischen Gemeinde von Carambeí ist ein Mann von hoher Bildung, mit großer Erfahrung in seiner Heimat und in der Fremde. Er ist auch holländischer Konsul im Staate Paraná. Der katholische Priester von Garcês wurde mir als echter Führer beschrieben, der die Gemeinde zusammenzuhalten wisse und, wo nötig, ihre Interessen vertrete. Die große ukrainische Kolonie Prudentópolis ist hauptsächlich deshalb fortschrittlich, weil sie von hochgebildeten Priestern der griechisch-katholischen Kirche geleitet und geführt wird. Andererseits ist es klar, daß die wolgadeutschen Kolonien viel durchmachen, weil sie niemals ihre eigenen gebildeten Priester gehabt hatten.

3) Nur wirklich gute Lehrer sollten in den ausländischen Kolonien angestellt werden.

Viele ausländische Kolonien hatten vor 1938 ihre privaten Schulen, die von der Kirche geleitet wurden. Ich weiß nicht, wie deren Qualität war. Ich weiß jedoch, daß heute die Kolonisation fast aller Gebiete sich über das niedrige Bildungsniveau der Lehrer der Staatsschulen beklagen. Diese Situation ist sehr ernst. Die Lehrer einer Gemeinde von Ausländern haben die schwierige Aufgabe der Erhaltung der fremdländischen kulturellen Tradition und ihrer Vermengung mit der brasilianischen Kultur, um aus der jungen Generation begeisterte brasilianische Bürger zu machen. Alle Eltern der Welt haben nur einen Wunsch: sie wollen, daß ihre Kinder ein höheres wirtschaftliches und kulturelles Niveau erreichen, als sie es erreichen konnten. Wenn dies in den neuen Kolonien der Fall ist, werden auch die Eltern zufrieden sein, und die erste Generation wird sich schneller anpassen, als das oftmals in der Vergangenheit der Fall gewesen ist.

Ich zweifle nicht, daß die Kolonisation der campos der Planaltos Südbrasiliens bei Berücksichtigung der von mir dargelegten Grundlagen von einem vollen Erfolg gekrönt wäre. Ich gehe sogar noch weiter: früher oder später müssen die Waldkolonisten und die lusobrasilianischen Fazendeiros das System der intensiven Landwirtschaft übernehmen, um mit den Campokolonisten konkurrieren zu können. Dadurch würden sie die Fruchtbarkeit ihrer Böden wieder herstellen, die sich durch den übermäßigen Anbau und durch den Brandrodungsfeldbau verschlechtert haben und erschöpft sind, die aber i.a. sehr wenig unter Bodenerosion gelitten haben. Das Resultat der Anwendung des Fruchtwechselsystems und der Düngung auf allen Ländereien der Planaltos Südbrasiliens, sei es im campo oder im Wald oder bei Mischvegetation von Wald und campo, wäre eine enorme Steigerung der landwirtschaftlichen Produktion, sowohl der pflanzlichen wie der tierischen, und eine Erhöhung des Lebensstandards der ländlichen Bevölkerung. Zumindest eine Region Brasiliens hätte dann das jahrhundertalte System der Trennung von Ackerbau und Viehzucht beseitigt und eine neue Epoche der Wirtschaftsgeschichte Brasiliens eröffnet.

Abschließend möchte ich betonen, daß ich nicht der erste bin, der die campos der Planaltos Brasiliens für Anbau und Kolonisation geeignet hält. Schon vor hundert Jahren schrieb August de Saint-Hilaire folgendes über die campos von Paraná: „Nach allem, was ich sagte, sieht man, daß ich keineswegs Unrecht gehabt habe, die Campos Gerais das ‚Paradies Brasiliens' zu nennen. Von allen Teilen dieses Reiches, die ich bis heute durchstreift habe, gibt es keinen, wo man mit mehr Erfolg eine Kolonie europäischer Bauern einrichten könnte; dort finden sie ein gemäßigtes Klima, reine Luft, die Früchte ihrer Heimatländer und ein Gelände, auf dem sie sich ohne besondere Anstrengungen allen Kulturen widmen könnten, die sie gewohnt sind. Wie die Bewohner des Landes würden sie Viehzucht treiben; sie würden den Dung sammeln, um ihre Felder zu düngen und mit einer Milch, die genauso sahnig wie die der Bergländer Frankreichs ist, würden sie Butter und Käse herstellen, die Abnehmer bis in die nördlichsten Gebiete Brasiliens finden würden. Welchen Vorteil hätte es für dieses Land bedeutet, die Schweizer Kolonie anstatt in Cantagallo (Nova Friburgo) im Gebiet der campos Gerais anzulegen; sie hätten den Eingesessenen die Praktiken der europäischen Landwirtschaft gelehrt, die in dieser Gegend bestimmt anwendbar sind. Glücklich in ihrem neuen Heimatland, das sie an manchen Stellen an ihre Geburtsorte erinnerte, hätten sie ihren Landsleuten Brasilien in den schönsten Farben geschildert und dieser Teil des Reiches hätte eine aktive und tüchtige Bevölkerung erworben."[6]

---

6 Voyage dans les Provinces de Saint-Paul et de Sainte-Catherine. 2. Bd., Paris 1851, S. 29/30.

DIE PIONIERZONEN BRASILIENS

Nach der statistischen Erhebung des Jahres 1940 entfallen auf die vom Zensus erfaßte, wirtschaftlich genutzte Fläche in Brasilien 2 Millionen qkm oder 23 % der Gesamtfläche des Landes. Davon sind nur 188 000 qkm oder 2,2 % unter Anbau, und 830 000 qkm oder ca. 10 % werden als Weiden genutzt. Der Rest, 77 % der gesamten Landesfläche, wird entweder nicht wirtschaftlich genutzt, ist nicht nutzbar, oder ist in den Händen der „intrusos", die sich einer statistischen Aufnahme entziehen. Jedenfalls kann man sagen, daß mehr als die Hälfte der Fläche Brasiliens aus landwirtschaftlicher Sicht ungenutzt und praktisch unbewohnt ist, und das in einem Land, das die Ausmaße eines Kontinents hat und in dem es keine ausgedehnten Wüsten oder hohe Gebirgsketten gibt.

Mit diesen Werten stellt Brasilien einen einzigartigen Fall unter allen großen Ländern der Erde dar. Dazu kommt noch die Lage in der Südhemisphäre – weit entfernt von der politisch entzündeten Atmosphäre der nördlichen Halbkugel. So ist es verständlich, daß die Aufmerksamkeit der ganzen Welt gegenwärtig Brasilien zugewandt ist. Stellt es doch die letzte große Landreserve der westlichen Welt dar und nimmt nach rein räumlichen Gesichtspunkten eine ähnliche Position wie die Vereinigten Staaten von Nordamerika vor 150 Jahren ein. Aus diesen Gründen hat sich sowohl im Inland, als auch im Ausland die Meinung gebildet, daß Brasilien ein zweites USA zu werden verspricht. Der Wahlspruch des „Marsches nach Westen", der während der Regierungszeit von Vargas aufgestellt wurde, trug viel zur Entwicklung dieser Vermutung bei. Dieser Leitsatz setzt jedoch voraus, daß in Brasilien dieselben natürlichen Grundlagen, dieselben wirtschaftlichen Bedingungen und dasselbe Bevölkerungspotential vorhanden sind oder erreicht werden können, die im Verlauf der letzten 150 Jahre die Besiedlung der Vereinigten Staaten bewirkten und zur Entstehung der größten Weltmacht führten.

Es ist verständlich und natürlich, daß patriotische Laien unbegrenztes Vertrauen in die Zukunft ihres Landes setzen und diese Gefühle mit großartigen, oft phantastischen Phrasen ausdrücken. Dem Wissenschaftler indessen, der beseelt ist vom Verantwortungsbewußtsein gegenüber seinem Fach und der Nation, obliegt es, eine

Bemerkung der Redaktion: Während seines Aufenthalts in Brasilien widmete sich Prof. Leo Waibel dem Studium der großen Probleme der Agrargeographie und der Kolonisation des Landes. Durch ihren dynamischen und symptomatischen Charakter, der die Merkmale der bestehenden Wirtschafts- und Lebensformen widerspiegelt, übten die „Pionierfronten" immer eine besondere Anziehungskraft auf diesen Geographen aus, der sie persönlich studieren wollte. Ein Artikel über die Pionierfronten in Brasilien stellt so einen Höhepunkt der Arbeiten von Leo Waibel dar. Der Text, den wir hier veröffentlichen, wurde in Brasilien begonnen, um in der Stille seines Arbeitszimmers in der Heimat später überarbeitet und vervollkommnet zu werden. Durch seinen plötzlichen Tod blieb die Arbeit jedoch durch das Fehlen der Einzelbeschreibung jeder der heutigen Pionierzonen unvollendet. Trotzdem veröffentlichen wir die Arbeit aber als einen für dieses Thema wertvollen Beitrag.

kritischere Analyse durchzuführen. Er wird vor allem versuchen, eine genügend klare Sicht der wirklich vorhandenen Bedingungen zu gewinnen, bevor er seine Meinung über die Zukunft zum Ausdruck bringt. Zweifellos fällt gerade dem Geographen die Aufgabe zu, angesichts seiner Landeskenntnis sorgfältig das zu analysieren, was in dem Wahlspruch „Marsch nach Westen" Wirklichkeit und was leere Phrasen oder „wishful thinking", wie die Engländer sagen, ist. Es ist klar, daß davon die Beurteilung der zukünftigen Möglichkeiten des Landes und seiner Besiedlungspolitik abhängt. Vor allem wird es nötig sein, den Marsch nach dem Westen Brasiliens mit dem in den USA zu vergleichen.

Ein vergleichendes Studium der Pionierzonen Brasiliens erweist sich somit als schöne Aufgabe. Aber auf jeden Fall ist es eine vielgestaltige und schwierige Aufgabe. Dazu muß der Gang der Besiedlung des Landes genau bekannt sein, und es ist notwendig, daß man eine klare Vorstellung von den tatsächlichen geographischen Grundlagen in den verschiedenen Pionierzonen hat. Wir alle wissen, daß dies nicht der Fall ist. Infolgedessen muß ich mich damit zufrieden geben, die allgemeinen Züge eines Bildes zu skizzieren, dessen Einzelheiten zukünftigen Forschungen vorbehalten bleiben werden.

Zu Anfang wird es nötig sein, den Begriff der Pionierzone genau zu erläutern. Von einem richtigen Verständnis und von einer angemessenen Anwendung dieses Begriffes hängt meiner Meinung nach der Erfolg oder Mißerfolg der politischen Zukunft der Besiedlung Brasiliens ab.

I. DER BEGRIFF DER PIONIERZONE

Der Begriff „Pionier" entstammt der militärischen Terminologie und bedeutet „Pfadfinder", „Kundschafter". In den Vereinigten Staaten wurde dieses Wort jedoch in einem wirtschaftlichen Sinne angewandt und auf den Menschen bezogen, der als erster in den Wald vordrang und mithalf, ihn der Zivilisation zugänglich zu machen und der damit die Verschiebung der „frontier"-Wildnis ins Innere auslöste. Wir haben hier einen zweiten Ausdruck der englischen Sprache, der in der Neuen Welt eine andere Bedeutung annahm. In Europa bezeichnet das Wort „frontier" die politische Grenze, die zwei benachbarte Länder trennt. In den Vereinigten Staaten erhielt das Wort aber außerdem einen wirtschaftlichen Sinn: „es ging dazu über, die Grenze der besiedelten Zone zu bezeichnen".[1] Und während die Grenze politisch eine scharf markierte Linie darstellt, ist die Grenze im wirtschaftlichen Sinne eine mehr oder weniger breite Zone, die sich zwischen Urwald und kultiviertes Gebiet einschiebt. Dieser Zone geben wir den Namen Pionierzone.

Das klassische Beispiel der Entwicklung von Pionierzonen ist der „middle west" der Vereinigten Staaten. Dort widmete sich die europäische Besiedlung im Verlaufe des 19. Jahrhunderts zuerst dem Wald, danach der Prärie, die in wenigen Jahrzehnten in eine moderne Kulturlandschaft umgewandelt wurden.

---

1 Turner, F. Jackson, Lit.verz. Nr. 16, S. 41

Die Grundfrage für uns ist: haben wir solche Pionierzonen in Brasilien und – wenn ja – wo sind sie gelegen?

Um diese Fragen beantworten zu können, müssen wir vorher versuchen, die zwei Begriffe „frontier" und „Pionier" klarer als gewöhnlich zu definieren. Im Westen der Vereinigten Staaten, in großen Gebieten des spanischen Amerika und hauptsächlich hier in Brasilien drangen die Jäger, die Sammler und die Viehzüchter als richtige „frontiersmen" in den Wald ein und schufen einen Landschaftstyp, der lange Zeit weder Kulturland noch Urwald war, und für den man hier den sehr glücklich gewählten Ausdruck „sertão" hat. Im brasilianischen sertão wurden die primitiven und ungeordneten Lebensbedingungen, die man übergangsweise in allen „frontiers" antrifft, zur Dauersituation. Einen sehr hohen Prozentsatz der Bewohner des sertão stellen die caboclos, und dies trifft nicht allein auf die Arbeiter und Angestellten der großen Viehfazenden zu, sondern auch auf einen großen Teil ihrer Besitzer.

Man könnte die Einwohner des brasilianischen sertão „Pioniere" nennen und den eigentlichen sertão „Pionierzone", aber diesen Begriff für die gesamte als sertão betrachtete Zone zu verallgemeinern, würde Verwirrung stiften. Außerdem müssen wir, während es im Mittelwesten der Vereinigten Staaten nur eine „frontier" gab, entlang deren die Pioniere nach Westen vordrangen, hier in Brasilien nach Hehl Neiva[2] zwei Grenzen unterscheiden: die demographische Grenze, die den sertão im Westen mit dem Urwald begrenzt und eine wirtschaftliche Grenze, die den sertão im Osten von dem wirtschaftlich höher stehenden Gebiet trennt. Der brasilianische sertão aber, dessen Bevölkerungsdichte nur 0,5–5 Bewohner pro qkm erreicht, hat im Norden eine Breite von mehr als 1000 km und verengt sich nach Süden bis auf kaum 200 km.

Nur in wenigen Abschnitten dieses gesamten riesigen Gebietes entwickelten sich Pionierzonen. Der Begriff Pionier bedeutet für mich mehr als der Begriff „frontiersman", d.h. mehr als das Individuum, das an einer räumlichen Grenze lebt. Der Pionier sucht nicht nur die Besiedlung räumlich auszudehnen, sondern intensiviert sie auch und schafft einen neuen und höheren Lebensstandard. Ja, wir benutzen den Begriff Pionier auch, um auf die Einführung von Verbesserungen im Bereich der Technik und sogar des geistigen Lebens hinzuweisen!

Auf dem Gebiet der Landwirtschaft können weder der Sammler und der Jäger, noch der Viehzüchter als Pionier betrachtet werden; nur der Landwirt kann als solcher bezeichnet werden, der geeignet ist, eine Pionierzone zu gründen. Nur er ist fähig, den Urwald in eine Kulturlandschaft umzuformen und eine große Anzahl Personen auf einer kleinen Fläche zu ernähren. Natürlich berücksichtige ich nicht die Erzgewinnung und die Industrie, deren Entwicklung im allgemeinen zu städtischen Kulturlandschaften führt.

Aber es ist auch nicht die gesamte territoriale Erweiterung des ländlichen Siedlungsgebietes durch die Ausdehnung der Landwirtschaft, was ich Pionierzone nennen möchte. Wenn die Entwicklung langsam und kontinuierlich ist, dann hätten wir sozusagen einen Normalfall, der im Gang der Besiedlung der Erde häufig vorkam

---

2 Hehl Neiva, Artu, 6, S. 226

und wahrscheinlich die Regel war. Von einer Pionierzone sprechen wir im allgemeinen nur dann, wenn plötzlich durch irgend eine Ursache die Ausbreitung der Landwirtschaft sich beschleunigt, wenn eine Art Fieber die Bevölkerung der näheren und weiteren Umgebung erfaßt und der Zufluß eines starken Menschenstromes einsetzt. In anderen Worten: wenn die Landwirtschaft und die Besiedlung das hervorrufen, was die Amerikaner in ihrer kommerziellen Ausdruckweise als „boom" oder „rush" bezeichnen. Dann steigen die Bodenpreise in schwindelnde Höhen, die Wälder werden gerodet, Häuser und Straßen gebaut, Siedlungen und Städte schießen wie über Nacht aus dem Boden, und ein verwegener und optimistischer Geist befällt die ganze Bevölkerung. Nur diese dynamischen Pionierzonen sind Gegenstand meiner Arbeit, und nur sie können mit den Pionierzonen des Mittelwestens der Vereinigten Staaten verglichen werden.

II. DIE PIONIERZONEN BRASILIENS

A) Die Pionierzonen des 18. Jahrhunderts

Ein kurzer Blick auf die Geschichte der wirtschaftlichen Entwicklung Brasiliens zeigt, daß die dynamischen Pionierzonen in keiner Weise irgendetwas Neues sind. Nach den ausgezeichneten Arbeiten von Caio Prado Júnior tauchte in der zweiten Hälfte des 18. Jahrhunderts während der Expansion der Baumwollkultur zum ersten Male eine Pionierzone mit allen ihren Charakterzügen auf.

„Der Baumwollanbau hatte für Zonen, die bis dahin nur Weidewirtschaft oder Erzgewinnung gekannt hatten, landwirtschaftliche Perspektiven eröffnet"[3].

„Die Baumwolle, die sich in der ersten Zeit des Fiebers und der großen Gewinne ungewöhnlich hoher Preise erfreute"[4], ist die Ursache, aufgrund derer die Bevölkerung in verschiedenen Gebieten des semi-ariden Nordeste schnell von der Küste in das Interior eindrang und einen echten „boom" auslöste.

Dies war hauptsächlich in Maranhão der Fall. „Die Baumwollkultur geht dort aus dem Nichts, aus einer armen Region hervor. Die Baumwolle wird ihr Leben einhauchen und sie in wenigen Jahrzehnten in eine der reichsten und bedeutendsten Capitanias umwandeln. Dies war hauptsächlich der „Allgemeinen Handelsgesellschaft von Grão Pará und Maranhão" zu verdanken, die seit 1756 das Monopol dieses Handels innehatte. Es ist diese Gesellschaft, die den Pflanzern Kredite, Sklaven und Werkzeuge gibt, die sie anspornen wird, sich der Baumwolle zu widmen, deren günstige Konjunktur sich abzuzeichnen begann."[5]

„Die Kulturen dringen entlang der Ufer des Itapecuru flußaufwärts ein und konzentrieren sich vor allem in Caxias"[6], ungefähr 200—300 km landeinwärts. "Aus diesem letzten Distrikt kam mehr als die Hälfte der Produktion von Maranhão."

---

3 Prado Jr., Caio, 11, S. 146
4 idem, S. 128
5 Prado Jr., Caio, 12, S. 90

„Mit der Baumwolle kamen die afrikanischen Sklaven. Die Baumwolle – obwohl weiß – hatte Maranhão schwarz gemacht."[7]

Eine ähnliche, aber weniger bedeutende Pionierzone verursachte zur selben Zeit die Höhe der Baumwollpreise in Ceará und im Nordosten von Minas Gerais, im Bezirk Minas Novas.[8]

Während der Ausbreitung des Zuckerrohrs in Brasilien scheinen sich keine Pionierzonen entwickelt zu haben. Aus natürlichen, wirtschaftlichen und politischen Gründen blieb der Zuckerrohranbau in der Kolonialzeit mit der Küstennähe verbunden. Aufgrund dessen fehlte die Möglichkeit einer räumlichen Ausweitung, was eine grundlegende Voraussetzung für die Bildung einer dynamischen Pionierzone ist. Trotz allem spielten sich im Mündungsgebiet des Paraíba do Sul in der zweiten Hälfte des 18. Jahrhunderts Ereignisse ab, die unbestreitbar an eine Pionierzone erinnern. Die Zahl der Zuckersiedereien verachtfachte sich dort in der Zeit von 1750–1820 (von 50 auf 400), und die Zahl der ländlichen Bevölkerung nahm beinahe um das Fünffache zu (von 12 000 auf 50 000).[9]

B) Die Entwicklung des Kaffeeanbaus im mittelöstlichen Brasilien im 19. Jahrhundert

Im Gegensatz zum Zuckerrohr, das besser in den Niederungen gedeiht, ist der Kaffee, oder besser C.arabica, eine Pflanze, die bergige, hohe Gebiete vorzieht. Aus diesem Grunde gedieh der Kaffee nicht im Amazonasgebiet, wohin er anfangs eingeführt wurde. Im mittelöstlichen Brasilien fand er jedoch ein Jahrhundert später beste natürliche und wirtschaftliche Bedingungen und begann dort, binnen kurzem, seinen triumphalen Marsch nach dem Innern und förderte die Entwicklung der klassischen Pionierzonen. Die ausgezeichnete Arbeit von Sérgio Milliet „Roteiro do Café"[10] gibt eine sehr klare Vorstellung von der Entwicklung des Kaffeeanbaus im Staate São Paulo und der daraus folgenden Ausbreitung und zahlenmäßigen Vermehrung der Bevölkerung im Zeitabschnitt von 1836–1935. Sérgio Milliet führte die mühevolle Arbeit durch, die Kaffeeproduktion und die Bevölkerungsverteilung pro Munizip für die Jahre 1836, 1854, 1886, 1920 und 1935 zusammenzustellen, indem er immer die Fläche derselben und insbesondere die Zerstückelung der alten Munizipien in eine beträchtliche Anzahl neuer Munizipien berücksichtigte. Bis zu welchem Genauigkeitsgrad es ihm möglich war, die wahren „statistischen Territorialeinheiten" zu erkennen, ohne die Hilfe genauer Karten, kann ich nicht beurteilen. Aber das ausführliche, von ihm veröffentlichte Material genügt immerhin, um die Zonen des Kaffeeanbaus im Staat São Paulo zu unterscheiden.

Milliet gruppiert die Kaffee produzierenden Munizipien des Staates São Paulo in sieben Gebiete oder Zonen, die in Wirklichkeit eher Verkehrszonen, d.h. Zonen mit

---

6 idem, S. 91
7 Prado Jr., Caio, 11, S. 144 und 145
8 idem, S. 71
9 Cretton, Décio, 2, S. 723
10 Milliet, Sérgio, 8, S. 8

Eisenbahnverbindung, als eigentliche Wirtschaftszonen sind. Aber da die Eisenbahnlinien von 1870 an einen entscheidenden Einfluß auf die Ausbreitung des Kaffeeanbaus und die Bevölkerungsverteilung hatten, folge ich grundsätzlich seiner Einteilung. Allerdings führt die Betrachtung der natürlichen Grundlagen, hauptsächlich der geologischen, die Milliet unglücklicherweise völlig vernachlässigte, zur Notwendigkeit der Unterteilung oder, in anderen Fällen, zur Zusammenfassung einiger seiner Zonen.

1) Die Zone der Paraíba-Senke (s. dazu Fig. 5)

Die älteste Kaffeezone des mittelöstlichen Brasilien ist die sog. „Zone von Rio de Janeiro", die die Paraíba-Senke und ihren gebirgigen Rahmen im Staate Rio de Janeiro, im Süden von Minas Gerais und im Norden von São Paulo umfaßt. Es wäre treffender, sie „Paraíba-Zone" zu nennen. Der Kaffeeanbau breitete sich hier nach den Napoleonischen Kriegen in einem Gebiet aus, das zum großen Teil schon besiedelt war. Die neue Kulturpflanze brachte auch eine neue Art wirtschaftlicher Aktivität mit sich. Anstelle der „roças", durch die die Maiskultur und die Schweinezucht für den Markt von Rio de Janeiro begann, tauchte das wirtschaftskapitalistische System der Plantage auf, die in derselben Weise wie die Zuckerrohrpflanzung völlig von der Sklavenarbeit abhing. Sowohl der Anbau als auch die Aufbereitung des Kaffees waren noch primitiv, und der Kaffee „Typ Rio" erreichte immer nur relativ niedrige Preise. Trotzdem erzielten die Fazendeiros aber sagenhafte Gewinne, ein neuer Lebensschwung war in die alten Städte eingedrungen, und an den Hängen der Serra do Mar und der Serra da Mantiqueira wurde Urwald in Kulturland umgewandelt. In der zweiten Hälfte des 19. Jahrhunderts war dieses Gebiet die reichste Landschaft ganz Brasiliens.

Der Anteil São Paulos an der „Zone von Rio", die sog. „Nordzone" von Sérgio Milliet, produzierte 1854   2 700 000 Arroben Kaffee oder 77,46 % der gesamten Produktion des Staates São Paulo. Bis kurz nach 1880 blieb die Produktion in gewisser Weise konstant, aber in der Folge begann aufgrund der fortschreitenden Erschöpfung der Böden ein so starkes Absinken der Produktion, daß dieselbe Zone 1920 nur noch 3,47 % und 1935 kaum 1,71 % der Gesamtproduktion des Staates São Paulo erzeugte. Dasselbe wiederholte sich in dieser alten Kaffeezone in den Staaten Rio de Janeiro und Minas Gerais. Heute trifft man dort arme Weiden, verlassenes Land und tiefe Erosionsrinnen an den Hängen, die vor einhundert Jahren blühende Kaffeepflanzungen trugen.

2) Die mittlere Zone des Staates São Paulo (s. Fig. 5)

Mehr oder weniger zur selben Zeit, in der sich die Umwandlung des Paraíba-Beckens in eine Kaffeezone abspielte, breitete sich der Kaffee auch auf dem inneren Planalto von São Paulo aus, etwa 70 km nördlich der Hauptstadt im Gebiet von Jundiaí und Campinas. Dies war gleichermaßen ein altes Siedlungsgebiet, und schon früher hatte sich hier der Zuckerrohranbau entwickelt, d.h. eine Bewirtschaftung vom Typ einer großen kapitalistischen Monokultur. Aber während das Zuckerrohr

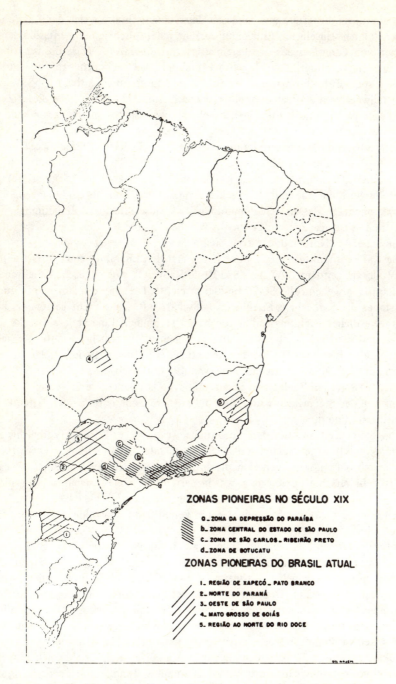

Fig. 5: Die Pionierzonen Brasiliens im 19. Jhdt. und der ersten Hälfte des 20. Jhdts.

die Niederungen des Tietê und seiner Zuflüsse vorzog, breitete sich der Kaffee auf den kristallinen Hügeln um Jundiaí und in dem paläozoischen Sedimentationsgebiet westlich von Campinas aus, wo vereinzeltes Auftreten von Diabas die fruchtbare rote Erde hervorbringt. Weiter westwärts erstreckt sich zwischen Tatuí und Piracicaba die sog. „Tatuí-Formation", deren Kuppen aufgrund fruchtbarer Böden noch heute teilweise von Kaffeemonokultur bedeckt sind. Aber große Teile dieser Zone haben sandige Böden, die ursprünglich von campos cerrados und nicht von Wäldern bedeckt waren.

Seit 1840 fand die Ausfuhr des in dieser Zone produzierten Kaffees über den Hafen Santos statt, der ca. 150 km entfernt war und mit Ochsenkarren und Eseln erreicht wurde. Deswegen wird diese Kaffeezone oftmals fälschlich „Santoszone" genannt. Sergio Milliet bezieht sie in seine „Zona central" ein, die ein unregelmäßiges Viereck bildet, in dessen Scheitelpunkten die Städte Piracicaba, Itapetininga, São Paulo und Bragança Paulista liegen. In Wirklichkeit breitete sich die Kaffeekultur nur im äußersten Norden dieser Zone aus.

Die Kaffeeproduktion dieser Zone nahm erst den Charakter einer fortschreitenden Welle an, seitdem 1867 die „São Paulo-Railway", eine englische Gesellschaft, von Santos ausgehend die Stadt Jundiaí erreichte. Drei Jahre später wurde durch Paulistaner die Sorocabana-Eisenbahngesellschaft mit der Absicht gegründet, Jundiaí in westlicher Richtung mit Sorocaba zu verbinden. Eine andere Strecke, die Jundiaí mit Piracicaba verbindet, wurde später in nordwestlicher Richtung erbaut. Entlang dieser Eisenbahnlinien entwickelte sich der Kaffeeanbau derart, daß die Produktion dieser Zone sich versechsfachte, von 491 000 Arroben 1854 auf 3 000 000 Arroben 1886 (nach Zahlen von Sérgio Milliet). Dies bedeutete 29 % der Gesamtproduktion des Staates São Paulo, und die mittlere Zone hatte so den ersten Platz in der Produktion inne.

Von dieser Zeit an sank der prozentuale Anteil dieser Zone im Verhältnis zur Gesamtproduktion des Staates auf 12,58 % im Jahr 1920 und auf 7,09 % 1935. Aber im absoluten Wert hielt sich die Produktion jedoch auf demselben Niveau! Dies ist sehr verschieden von dem, was in der Paraíba-Zone geschah. Im Gegensatz zu dem, was sich in dieser letzten Zone ereignete, blieb die Bevölkerungszahl der zentralen Zone nicht gleich, sondern nahm von 300 000 Einwohnern 1886 auf fast 800 000 im Jahre 1920 und etwa 900 000 im Jahre 1935 zu. Dies ist, nach Sérgio Milliet, zum großen Teil der Einwanderung europäischer Kolonisten nach der Sklavenbefreiung zu verdanken. Später ließen sich viele von ihnen als Kleinbauern nieder und produzierten neben Kaffee auch andere Produkte, hauptsächlich Baumwolle, Getreide, Früchte (Orangen und Trauben) und führten auf sorgfältig gepflegten Weiden Milchwirtschaft durch. So entwickelte sich in diesem Gebiet vor allem um Campinas und Piracicaba eine so intensive Polykultur, wie man sie in ganz Brasilien selten in ähnlicher Weise antrifft. Der garantierte Markt für den Absatz der Produkte, der durch die Staatshauptstadt, sowie auch durch die drei sich in voller Entwicklung befindlichen Industriestädte Campinas, Jundiaí und Sorocaba repräsentiert wurde, war in Wirklichkeit der Grund dieser Intensivierung.

3) Die Zone São Carlos—Ribeirão Prêto (s. Fig. 5)

Schon zu der Zeit, in der die Kaffeeproduktion in der zentralen Zone in den Jahren um 1880 ihren Höhepunkt erreichte, hatte sich der Kaffeeanbau in das Innere des Staates in nördlicher und nordwestlicher Richtung vorgeschoben, entlang der Täler des Moji-Guaçú und seiner Zuflüsse. Damit berührte er im Osten der paläozoischen Senke die Verzweigungen des kristallinen Berglandes von Minas Gerais und westlich davon tauchen in einer vollständig anderen geologischen Formation die triassischen Botucatú-Sandsteine mit ihren ausgedehnten Trappergüssen auf, die für die fruchtbaren terra roxa-Böden verantwortlich sind, die zum großen Teil noch von Wald bedeckt waren.

Schon 1850 und in den folgenden Jahren war der Kaffee entlang der alten Verbindungswege nach Nordwesten bis São Carlos und nach Norden bis über Limeira hinaus vorgedrungen, wie die kleinen, von Preston James in „Geographical Review" veröffentlichten Entwürfe[11] sehr gut zeigen. Im Jahre 1856 befand sich das wichtigste Produktionsgebiet in Moji-Mirim in der paläozoischen Senke. Die alten Städte Campinas und Piracicaba erhielten dadurch eine neue Funktion — die des Tors zum Sertão (boca de sertão). Aber die wirkliche Entwicklung in dieser neuen Kaffeezone wurde wieder einmal durch die Eisenbahnen herbeigeführt. Die 1872 begründete „Companhia Mojiana" dehnte ihre Schienenstränge schnell nach Norden aus, während die 1868 gegründete „Paulista" das Roterdegebiet westlich Campinas erreichte. Die zwei Eisenbahnlinien mit ihren zahlreichen Zweigstrecken bildeten das wirtschaftliche Rückgrat der neuen Kaffeezone, die Sérgio Milliet darum sehr richtig „Zona da Mojiana e Paulista" nannte.

Die neuen Transportmittel und die Tatsache, daß man zu dieser Zeit schon fest mit der Befreiung der Sklaven rechnete, bewirkten eine radikale Änderung in der Denkweise der paulistaner Fazendeiros hinsichtlich der Nutzung ihres Kapitals. Bis dahin war Kapital ausschließlich zum Erwerb von Sklaven, Arbeitstieren und neuen Ländereien benutzt worden. Die Sklaven wurden zu einer unproduktiven Kapitalinvestition.

Dadurch ergaben sich neue Anlagemöglichkeiten des überschüssigen Kapitals in der Konstruktion von Eisenbahnlinien und dem Erwerb von Maschinen zur Aufbereitung des Kaffees, mit dem Ziel, die kostspielige Arbeitskraft zu verringern und die Qualität des Produktes zu verbessern. „Was die mechanische Aufbereitung des Kaffees anbetrifft, sind die brasilianischen Pflanzer sicher viel fortschrittlicher als die Javaner", schrieb ein holländischer Fachmann 1885[12]. Außerdem traten anstelle der Sklaven Neger, Tausende von europäischen Arbeitern, vor allem Italiener, deren Arbeitskraft sowohl zur Produktionssteigerung, als auch zur Verfeinerung der Qualität des Kaffees beitrug.

Um die Anschaffung der teuren Maschinen und der gleichermaßen teuren europäischen Arbeitskräfte lohnender zu machen, wurden die Unternehmen erweitert.

---

11 James, Preston, 7
12 Van Delden Laerne, 15, S. 311—317

Zum ersten Mal entstanden die riesigen Fazenden mit Tausenden und sogar Millionen von Kaffeebäumen, deren Anbau in einer richtigen Monokultur durchgeführt wurde.

Die Schnelligkeit, mit der die Kaffeekultur und die Bevölkerungszunahme sich in der neuen Kaffeezone entwickelten, wird durch die folgenden Zahlenwerte (von Milliet) aufgezeigt:

Zone	Kaffeeproduktion in % der Gesamtproduktion des Staates São Paulo			Bevölkerungszahl in % der Gesamtbevölkerung der Kaffeezonen		
	1854	1886	1920	1854	1886	1920
Mojiana ...	2,31	21,81	35,53	19,92	15,80	22,23
Paulista ...	6,32	23,69	18,77	6,81	12,90	14,71

Die Bevölkerungszahlen machen deutlich, daß die „Paulista" ins Neuland vordrang, während die „Mojiana" zum großen Teil Ländereien durchquerte, die schon früher besiedelt waren. Die Mojiana erreichte 1875 Casa Branca, das zwanzig Jahre vorher schon 7 000 Einwohner zählte. Von da geht eine Abzweigung nach Nordwesten, in Richtung der Ausbreitung des terra roxa-Gebietes von Ribeirão Prêto, das schon eine Stadt von 10 000 Einwohnern war, als die Eisenbahnlinie 1886 dort anlangte.[13]

Mitten in den Urwald drang eine dritte Eisenbahnlinie ein, die 1886 in der Stadt Araraquara von der „Paulista" abzweigte und in nordwestlicher Richtung weiterführte, der Wasserscheide zwischen Moji-Guaçú und Tietê folgend. „Vor den Schienen existierte hier praktisch nichts. Es gab geschlossenen Wald und angriffslustige Indianer. Absoluter Pionier in der unbekannten Zone ist eine kühne Kapitalinvestition, denn vorher hatte es kein geglücktes Beispiel gegeben, um den Erfolg zu bestätigen."[14]

Die Daten dieser neuen Eisenbahnzone sind:

Jahr	Kaffeeproduktion in %	Bevölkerung in %
1886	4,05	14,18
1920	18,79	15,87

Diese Werte entsprechen sich in einer klassischen Art und Weise und zeigen den wahren Pioniercharakter dieser Teilzone.

Wieder einmal ist es die terra roxa, die diese enorme Entwicklung fördert. Denn Sérgio Milliet schloß in seine „Zona Araraquarense" die großen Trappdecken ein, die sich im Süden der Stadt Araraquara in den Oberläufen der Tietêzuflüsse noch im Gebiet der Botucatú-Formation vorfinden (Jaú, Brotas, Ribeirão Bonito). Aus die-

---

13 Milliet, Sérgio, 8, S. 52
14 Barros Ferreira, 1

dem Grunde vereinige ich die drei Zonen von Milliet (Mojiana[15], Paulista und Araraquarense), in denen der Kaffeeanbau bis 1920 im Roterdegebiet durchgeführt wurde, zu einer einzigen Zone, die ich nach ihren wichtigsten Städten „Zone São Carlos–Ribeirão Prêto" nenne.

Im Jahre 1920 produzierte die Zone São Carlos–Ribeirão Prêto mehr als 16 Millionen Arroben Kaffee oder 73 % der Gesamtproduktion des Staates São Paulo, während sich 1886 die Produktion auf ungefähr 32,8 % belief. Genauso nahm die Bevölkerung von 340 000 Einwohnern 1886 auf 1 200 000 im Jahre 1920 zu. Dieser Zone verdankt der Staat São Paulo sowohl seine privilegierte Stellung auf dem Kaffeeweltmarkt, als auch die periodischen Überproduktionen und damit die entsprechenden großen Wirtschaftskrisen.

Der düngerlose Anbau und die Anpflanzung von Getreide zwischen den Kaffeebäumchen führten auch hier, wenn auch weniger schnell als in der Paraíbazone, zu einer vorzeitigen Erschöpfung des Bodens und einem daraus folgenden Produktionsrückgang. Im Gebiet von Ribeirão Prêto belief sich der Ertrag eines Kaffeebaums 1900 auf durchschnittlich 5 Pfund Bohnen, bis heute (1950) sank er auf 0,3 Pfund[16]. Ausgedehnte Forschungen veranlaßte auch die 1924 aufgetauchte schreckliche Bohrkäferplage. Heute sind die großen Lager von Ribeirão Prêto leer, und auf großen Strecken um die Stadt findet sich kein einziger Kaffeebaum mehr. Auf den hohen Hängen wurden die alten Kaffeepflanzungen in schlecht gehaltene Weiden umgewandelt, während in den Tälern die dort wohnenden Japaner und Italiener Gemüse, Früchte, Getreide und Baumwolle anbauen. Baumwolle wurde zum wichtigsten Anbauprodukt der Gegend. Die Eisenbahngesellschaften, die keine Gewinne mehr erzielten, trugen im eigenen Interesse grundlegend zu dieser wirtschaftlichen Strukturwandlung bei. Aber die Intensivierung der Landwirtschaft in großem Maße, die wir in der Nähe von Campinas und Piracicaba in der mittleren Zone beobachten konnten, fand nicht statt. Dafür fehlen noch die lokalen Märkte und die großen Industriezentren, die fähig sind, eine Produktion aufzunehmen, die eine solche Intensivierung liefern könnte. Auf der anderen Seite gibt es hier aber keine Verwüstung ganzer Regionen, wie man es im Paraíbabecken beobachten kann. Und während im paulistaner Teil dieses letzten Gebietes die Bevölkerung sich um ca. 7000 Personen von 1920 bis 1935 verminderte, nahm im selben Zeitraum die Bevölkerung in der Zone São Carlos–Ribeirão Prêto um 220 000 Einwohner zu. Übrigens wurde der Höhepunkt der Kaffeeproduktion in dieser Zone erst 1935 erreicht.

15 In der Mojiana-Region befand sich übrigens das Zentrum des Kaffeeanbaus bis 1890 und in den folgenden Jahren im kristallinen Bergland entlang der Grenze mit Minas Gerais, und erst später breitete es sich auf das terra roxa-Gebiet aus. In Übereinstimmung mit den geologischen Einheiten war die Kaffeeproduktion der Mojiana-Zone in % der Gesamtproduktion derselben Zone so verteilt:

	1856	1886	1920	1935
Kristallines Bergland	–	74,0	41,9	27,8
Paläozoische Senke	100,0	17,3	11,3	9,4
Botucatú-Formation (terra roxa)	–	8,7	46,2	62,8

16 Setzer, José, 14, S. 353

Leider verteilte Sérgio Milliet in seiner kleinen Karte der „Situation des Kaffees 1920"[17] die Produktion jeder Zone einheitlich auf die Gesamtfläche, so daß die Grenzen der wirklich kultivierten Flächen, die zur selben Zeit die Pionierfront bilden, nicht erscheinen. Das ist bei der farbigen, im Maßstab 1 : 2 000 000 von der „Geographischen und Geologischen Kommission" 1910 veröffentlichten Karte der Landnutzung und Vegetation des Staates São Paulo nicht der Fall, auf der die Ausbreitung des Kaffeeanbaus in der Zone von São Carlos–Ribeirão Prêto deutlich erscheint. In der „Mojiana"-Zone breitete sich der Kaffeeanbau bis Batatais (465 km von der Stadt São Paulo entfernt), in der „Paulista" bis Bebedouro (458 km) und im „Araraquarense"-Gebiet bis Taquaritinga (379 km) aus. Dort wurde das wirtschaftskapitalistische System der Plantage, die im allgemeinen die küstennahen Gebiete vorzieht, eine typische Erscheinung der Grenze des entlegenen Interior.

4) Die Botucatú-Zone (s. Fig. 5)

Die oben erwähnte Landnutzungskarte zeigt den Anfang einer neuen Kaffeezone, die sich über die Wasserscheide zwischen den Flüssen Tietê und Pardo erstreckt und dem Tal dieses letzteren folgend, sich in westlicher Richtung zum Paranapanema hin ausbreitet. Auch diese Zone erstreckt sich noch vollständig auf dem Gebiet der triassischen Botucatúformation mit ihren Vorkommen von Diabas und terra roxa, und die Stadt Botucatú selbst, die dieser Formation den Namen gab, ist in dieser Zone am westlichen Rand auf der Trauf des Sandsteins mit zwischenlagernden Trappschichten gelegen. Deshalb nenne ich diese neue Kaffeezone „Botucatú-Zone".

Diese Zone wurde in der Mitte des 19. Jahrhunderts von Viehfazendeiros besiedelt. Erst zu Beginn dieses Jahrhunderts breitete sich in dieser Region der Kaffeeanbau aus, als 1890 ein Zweig der Sorocabana, die sog. „Alta Sorocabana", gebaut wurde, die von Botucatú aus nach Westen vorstieß und 1909 den Paranapanema erreichte. Die Stufe der Botucatú-Formation (in Botucatú) und die vereinzelten Vorkommen von terra roxa in den Tälern (São Manuel, Itatinga, Avaré und Pirajú) wurden zu den hauptsächlichen Zentren des Kaffeeanbaus in dieser Zone. Die Zahlen für diese Zone sind:

Jahr	Kaffeeproduktion	Bewohner
1886	150 000	54 799
1920	1 658 434	251 118
1935	4 484 008	304 852

In diesem letzten Jahr 1935 lieferte die Region 8,5 % der Gesamtkaffeeproduktion des Staates São Paulo und umfaßte 6,6 % der Bevölkerung aller Kaffeezonen des Staates. Quantitativ spielte diese Zone also keine bedeutende Rolle mehr, und es ist dies möglicherweise der Grund, warum Sérgio Milliet sie in seine „Zona da Alta Sorocabana" mit einbezogen hat. Aber sowohl geologisch als auch geographisch und wirtschaftlich unterscheidet sich dieser Teil der „Alta Sorocabana" von

---

17 Milliet, Sérgio, 8, S. 26

der mehr im Westen gelegenen „Neuen Zone" und wurde deswegen mit Recht von Pierre Deffontaines als eigene Zone abgetrennt; er hat sie „Zone des grands cafezals de l'Ouest" (Zone der großen Kaffeepflanzungen des Westens) oder „Zone von Ourinhos" genannt.

Deffontaines macht klar, daß diese Zone von den Kolonisten wegen der noch frischen Böden vorgezogen wurde, die Zwischenkulturen erlaubten. Aufgrund der geringeren Höhenlage besteht hier durch Temperaturumkehr eher Frostgefahr. Die Ernte findet nicht mehr wie in Ribeirão Prêto mitten in der trockenen Jahreszeit zwischen Mai und August statt, sondern geht bis Oktober und November zu Beginn der regenreichen Jahreszeit. Deswegen ist die Trocknung der Kaffeebohnen in der Sonne nicht mehr möglich; „es wäre notwendig, künstliche Trockenapparate zu konstruieren, richtige Fabriken mit hohen Kosten, die im allgemeinen nicht einer einzigen Fazenda gehören, sondern einer Gruppe von Fazendas".[18] Sie sind im allgemeinen in den Kleinstädten installiert und verleihen diesen dadurch besondere Bedeutung.

Sowohl in der Zone São Carlos–Ribeirão Prêto, als auch in der Zone von Botucatú hatte der Kaffeeanbau schon um 1920 die gesamte Ausdehnung der Botucatú-Formation, die sich von Nordwesten nach Südwesten erstreckt, mit ihren terra roxa-Böden in Besitz genommen und war in Richtung des Paranáflusses bis nahe des 49. Längengrades vorgedrungen. Das gesamte riesige Gebiet westlich dieses Meridians oder fast 1/3 des Staates São Paulo erscheint auf der Landnutzungskarte von 1910 als „sertão" und zum größten Teil sogar als Urwald. Dies ist für mich eine der erstaunlichsten Tatsachen der Geographie und Geschichte des Staates São Paulo und sogar ganz Brasiliens. Die Paulistaner, die die ersten Europäer waren, die sich auf dem inneren Hochland Brasiliens niederließen, und die im 17. und 18. Jahrhundert das gesamte Interior des Landes vom Amazonas im Norden bis Rio Grande do Sul durchzogen und sporadisch besiedelten, widmeten dem Westen ihres verhältnismäßig kleinen Staates während vier Jahrhunderten nicht die geringste Beachtung, zumindest was die Besiedlungsmöglichkeiten anbelangt. Aufgrunddessen war dieses Gebiet noch im ersten Jahrzehnt unseres Jahrhunderts unbekannt und nur von einer geringen Anzahl von Indianern und Intrusos bevölkert. Und dies trotz der Tatsache, daß sich hier ein ausgezeichnetes Gebiet vorfand, mit zum Teil sehr fruchtbaren Böden und einem gesunden Klima.

Der Westen São Paulos besitzt eine andere geologische Formation, die Baurú-Sandsteine der Kreide. In dieses Gebiet drangen seit 1920 mit großer Schnelligkeit Kaffeeanbau und Besiedlung ein, und es bildete sich hier die jüngste, ausgedehnteste und bedeutendste Pionierzone des Staates São Paulo. Sie bildete die „Neuen Zonen" von Milliet. Ich nannte sie „Pionierzone des Westens von São Paulo", denn, wenn auch die wirkliche Pioniertätigkeit wie die Brandrodung praktisch schon aufgehört hat, läßt sie sich gemäß ihrer Wirtschafts- und Sozialstruktur nicht unter die Pionierzonen des gegenwärtigen Brasiliens einordnen.

18 Deffontaines, Pierre, 3, S. 168

5. Die Pionierzonen Südbrasiliens

Zur selben Zeit, als im tropischen mittleren Osten Brasiliens das kapitalistische Wirtschaftssystem der Plantage zur Entwicklung der bedeutendsten Pionierzonen des Landes führte, tauchten im subtropischen Südbrasilien neue Pionierzonen auf, die jedoch an Größe und Bedeutung nicht mit den Zonen São Paulos verglichen werden können. Dies ist hauptsächlich darauf zurückzuführen, daß es dort kein durch den Export aufgewertetes Produkt gab, das zur Ausbreitung der Landwirtschaft und zur Besiedlung der bis dahin unberührten Wälder führte, sondern nur die Produktion von Konsumgütern zur Versorgung des Binnenmarktes. Außerdem war nicht der luso-brasilianische Latifundienbesitzer der Pionier, sondern der europäische Einwanderer, der seinen Kleinbesitz nur mit Hilfe der Arbeitskraft seiner Familie bewirtschaftete.

In Südbrasilien ist deshalb die Bildung von Pionierzonen eng mit der europäischen Kolonisation verbunden, und da ich mich in meiner Arbeit über „Die Grundlagen der europäischen Kolonisation in Südbrasilien" (siehe S. 33 ff.) schon ausführlich damit beschäftigt habe, ist es nicht notwendig, hier auf Einzelheiten einzugehen.

In Südbrasilien ließen sich die europäischen Kolonisten mit wenigen Ausnahmen im Urwald nieder. Aber nicht jedes von Kolonisten besiedelte Gebiet hat den Charakter einer Pionierzone. Diese entwickelten sich nur da, wo ein billiger Transport es erlaubte, die überschüssigen Produkte zu einem Markt mit entsprechender Aufnahmefähigkeit oder einem Ausfuhrhafen zu bringen, und wo außerdem genügend Land zur Aufnahme einer großen Anzahl von Kolonisten zur Verfügung stand. In allen anderen Gebieten stagnierte die Kolonisation entweder vollkommen oder machte damals so langsame wirtschaftliche Fortschritte, daß der einer Pionierfront eigene dynamische Charakter vollkommen fehlte.

Die erste und lange Zeit wichtigste Pionierzone Südbrasiliens wurde in der ersten Hälfte des 19. Jahrhunderts in Rio Grande do Sul von deutschen Einwanderern geschaffen. Die Kolonisation begann 1824 nicht direkt an der Küste, sondern kaum 25 km nördlich der Hauptstadt des Staates, der am Ende der Lagoa dos Patos gelegenen Hafenstadt Pôrto Alegre. Von hier dehnte die Kolonisation sich am Fuß und am Hang des Planalto aus, den schiffbaren Jacuí und seine Nebenflüsse hinauf und drang etwa 200 km nach Westen vor. Verglichen mit den derzeitigen Pionierzonen war die Zahl der Siedler klein und ihre Ausbreitung erfolgte sehr langsam. Aber der Überschuß dieser alten Pionierzone an landwirtschaftlichen Produkten, wie Mais, Bohnen, Maniokmehl und vor allem Schweineschmalz, war beträchtlich und wurde teilweise über Pôrto Alegre nach anderen Gebieten Brasiliens ausgeführt. Damit wurde die von Wäldern bedeckte Serra von Rio Grande do Sul zum ersten großen Versorgungsgebiet Brasiliens. Erst im folgenden Jahrhundert verloren die oben erwähnten Produkte im Verhältnis zu den höher bewerteten Gütern wie Butter, Käse, Wurstwaren, Konservenfleisch und Handelswaren, Tabak und Luzerne an Bedeutung.

Eine zweite Pionierzone entwickelte sich von 1890 an auf dem westlichen Hochland des Staates Rio Grande do Sul. Dort war es der Bau der Paraná durchquerenden Eisenbahnlinie von Pôrto Alegre nach São Paulo, der die Kolonisation dieses entlegenen Gebietes möglich machte. Auch dort war die Produktion und die Ausfuhr von landwirtschaftlichen Gütern während einiger Jahrzehnte beträchtlich, aber gegenwärtig tritt durch die Erschöpfung des Bodens ein unaufhaltsamer Niedergang ein. Nur im ausgedehnten Waldgebiet südlich des Uruguai dehnt sich die Landnahme noch mit Pioniercharakter aus. Aber devolutes Land gab es nicht mehr, und damit ist der Staat Rio Grande do Sul vielleicht der erste brasilianische Staat, in dem keine großen Waldreserven mehr existieren und in dem es keine Möglichkeiten der Ausbreitung der Landwirtschaft in neues Waldland gibt, so daß man auf die Bestellung und die Kolonisation der großen Flächen der natürlichen campos zurückgreifen muß.

Von den zahlreichen – hauptsächlich deutschen – europäischen Kolonien, die im Küstengebiet von Santa Catarina während des 19. Jahrhunderts gegründet wurden, entwickelte sich nur eine zu einer richtigen Pionierzone. Dies war die Kolonie Blumenau, eine 1850 im Itajaí-Tale gegründete Privatkolonie. Es gelang aber der Kolonisation im Itajaí-Tal erst im Übergang zum folgenden Jahrhundert, einen größeren Impuls und eine schnellere Ausbreitung zu erreichen, als die Hanseatische Kolonisationsgesellschaft das Gebiet des Nordarms des Rio Itajaí mit modernen Methoden zu kolonisieren begann und ihren Sitz 1909 durch eine Eisenbahn mit der Stadt Blumenau (aber nicht mit dem Meer) verband. Nach dem ersten Weltkrieg breitete sich die Kolonisation durch eine Reihe kleinerer Kolonisationsgesellschaften rasch auf das Gebiet des Südarms und des Westarms aus. Am Ende der 1930er Jahre wurde das innere Hochland erreicht, und damit näherte sich die Kolonisation der natürlichen Grenze der Pionierzone.

Genau wie das Bergland von Rio Grande do Sul produzierte das Blumenauer Gebiet und das obere Itajaí-Tal hauptsächlich Schmalz, Bohnen und Maniokmehl und ging später auf Produktion und Export von Milchprodukten, Wurstwaren und Konservenfleisch über.

Die zweite Pionierzone des Staates Santa Catarina entstand während des ersten Weltkrieges auf dem inneren Hochland, als die Eisenbahn von Norden, aus São Paulo, durch den Staat Paraná das Tal des Rio do Peixe, einen Nebenfluß des Uruguai, erreichte, dessen Tal noch dichte Wälder besaß. Die Eisenbahn zog magnetisch eine große Anzahl von Nachkommen deutscher und italienischer Kolonisten des Staates Rio Grande do Sul an, da sie ihnen noch die Möglichkeit bot, ihre Produkte, hauptsächlich Schweine und Luzerne, nach São Paulo zu transportieren, das in 1000 km Entfernung lag. Dies ist ein seltener Fall eines wirtschaftlichen „Einfangens" in einer Pionierzone: der entfernte Westen Santa Catarinas wurde nicht von der Küste her urbar gemacht, sondern durch Siedler, die von Süden kamen und die ihre Produkte nach einem in großer Entfernung im Norden gelegenen Markt ausführten.

Obwohl es noch viel Wald im Rio do Peixe-Tal gibt, hauptsächlich im zentralen Hochland, kann man die Besiedlung dieses Gebietes als abgeschlossen betrachten. Weiter westlich, im Gebiet des Flußbeckens des Xapecó, Antas und Peperi, nördlich des Uruguai, ist die Ausbreitung der Kultivierung jedoch noch in vollem Gange. Dies führt uns zur Betrachtung der Pionierzonen des heutigen Brasilien.

III. DIE PIONIERZONEN DES HEUTIGEN BRASILIEN

Ich unterscheide im derzeitigen Brasilien fünf Pionierzonen (s. Fig. 5):
1. Das Gebiet von Xapecó–Pato Branco im Nordwesten des Staates Santa Catarina und im Südwesten des Staates Paraná.
2. Nord-Paraná.
3. Den Westen von São Paulo.
4. Den „Mato Grosso" von Goiás.
5. Das Gebiet nördlich des Rio Doce in den Staaten Espírito Santo und Minas Gerais.

Trotz vieler natürlicher, wirtschaftlicher und sozialer Unterschiede haben diese 5 Pionierzonen einige Merkmale gemeinsam, die im folgenden kurz analysiert werden, bevor wir mit der eingehenden Erforschung jeder einzelnen beginnen.

A.) Allgemeine Betrachtungen

Mit Ausnahme von Goiás begann die Entwicklung dieser Zonen mit dem ersten Weltkrieg, und es waren unbestreitbar die hohen Lebensmittelpreise, die den Hauptimpuls zu der Pionierbewegung gaben. In noch größerem Maße war die Produktion von Lebensmitteln für den Binnenmarkt eine grundlegende Ursache für die Bildung der jüngsten Pionierzone von Goiás. Letzten Endes drängt sich dieser Binnenmarkt jedoch in den zwei großen Städten São Paulo und Rio de Janeiro zusammen, die eine außergewöhnliche Entwicklung nahmen. So erklärt sich die Lage der Pionierzonen im Südosten des Landes: Sie lagern in Form eines Halbkreises mit 500–1000 km Radius um diese beiden Städte (vgl. Fig. 5).

Außer Nahrungsmitteln werden in diesen neuen Pionierzonen auch Pflanzen mit Handelsbedeutung angebaut, hauptsächlich Baumwolle und Tabak. Diese Produkte werden vor allem auf dem Binnenmarkt verbraucht. Der Kaffeeanbau für den Export wird weiterhin durchgeführt, sofern die Boden- und Klimabedingungen es erlauben. Aber mit Ausnahme Nord-Paranás spielt er nicht mehr dieselbe bedeutende Rolle wie in den tropischen Pionierzonen des 19. Jahrhunderts. Anstelle der Kaffeemonokultur entwickelte sich die Polykultur, und neben dem Anstieg der Preise für die wichtigsten Verbrauchsgüter trugen der Preisrückgang und die Krise auf dem Kaffeemarkt wesentlich zu dieser wirtschaftlichen Umstrukturierung bei.

Mit der wirtschaftlichen Veränderung vom Exportmarkt zum Binnenmarkt und von der Monokultur zur Polykultur erfolgte eine Wandlung der gesamten landwirtschaftlichen Tätigkeit. Da die Produktion von Lebensmitteln und der Anbau von einjährigen Pflanzen, wie Baumwolle und Tabak, eine relativ geringe Kapitalanlage erfordern, verloren die großen kapitalistischen Unternehmungen der Plantagen ihre Vorherrschaft, und es entwickelten sich zahlreiche Landstücke mittlerer und kleinerer Größe, die durch die Eigentümer selbst oder durch Halbpächter bewirtschaftet werden. In anderen Worten: der Kleinbauer (im europäischen Sinne) begann auch ins tropische Brasilien einzudringen. Die neuen ländlichen Eigentümer waren Ex-Kolonisten, d.h. Halbpächter, die aus den alten Kaffeezonen São Paulos kamen, oder es waren Einwanderer aus Übersee und aus anderen Staaten Brasiliens.

Dadurch erhielten einige der Pionierzonen eine solch vielfältige Bevölkerung, daß sie selbst für brasilianische Verhältnisse außergewöhnlich blieben. Unter der ausländischen Bevölkerung herrschen Japaner, Italiener und auch Spanier und Portugiesen vor. Deutsche findet man in größerer Zahl nur in der neuen Pionierzone in Santa Catarina und im Gebiet nördlich des Rio Doce in Espírito Santo. Sowohl weiße, als auch farbige Einheimische strömten aus allen Teilen Brasiliens, besonders aus dem Nordosten und aus Minas Gerais, in großen Massen in die neuen Pionierzonen, nachdem die ausländische Einwanderung mit dem Ausbruch des zweiten Weltkrieges praktisch aufgehört hatte.

Ein Merkmal aller Pionierzonen ist das schnelle Bevölkerungswachstum und parallel dazu die schnelle Ausbreitung des Kulturlandes. Dies ist wesentlich dem Erscheinen eines neuen Transportmittels zu verdanken, dem LKW, und dem Bau neuer Straßen. Natürlich ruht der Transport über große Entfernungen noch zum großen Teil auf den Eisenbahnen, und jede der neuen Pionierzonen besitzt ihre Eisenbahn, die sie mit den entferntesten Zentren verbindet. Entlang der Eisenbahnlinien erscheinen die Lagerhäuser der Großhändler und große Depots, und in vielen Fällen entwickeln sich um diese binnen weniger Jahre richtige Städte. Aber um die Produkte zur Bahn zu bringen, benutzt man nicht mehr wie in den alten Pionierzonen den Ochsenkarren oder Lasttiere, sondern den LKW. Selbst über große Entfernungen wird dieser immer mehr benutzt. Sein Einfluß auf die Entwicklung der neuen Pionierzonen kann nur schwerlich richtig eingeschätzt werden! An den entferntesten Punkten der neuen Pionierzonen befinden sich Tankstellen und Reparaturwerkstätten und neue Omnibuslinien dringen dort vor, wo wenige Jahre zuvor noch dichter Urwald stand.

Eine unerläßliche Bedingung für den Straßentransport ist naturgemäß der Bau von Straßen und vor allem der Brückenbau über Flüsse und Bäche. Die Brücken sind i.a. feste Konstruktionen, während die Straßen oftmals nicht mehr als Spuren im Lehm sind, staubig, aber in der trockenen Jahreszeit passierbar und schlammig bis unpassierbar nach Regenfällen. Dann hört der gesamte Verkehr in Stadt und Land auf, und das Wirtschaftsleben bleibt manchesmal in den folgenden Tagen gelähmt, wie es nach großen Schneestürmen in der gemäßigten Zone vorkommt. In diesen Fällen sind die Straßen dann von im Schlamm festgefahrenen Personen- und Lastkraftwagen verstopft, Hilfstrupps kommen aus allen Richtungen und selbst in den Städten ist der Verkehr auf das unbedingt notwendige Maß beschränkt.

Es ist klar, daß die neuen Pionierzonen — genau wie die alten — alle im Wald liegen und mit Ausnahme von Goiás in ehemaligem Urwald oder unwirtlichem sertão. Das Vorhandensein von Wäldern ist der wichtigste natürliche Faktor für die Schaffung neuer Pionierzonen. Aber während ehemals der Wald häufig als Hindernis für die Ausdehnung des Ackerbaus betrachtet und völlig abgebrannt wurde, erlaubt heute der LKW eine Nutzung des Waldes, wenigstens des Nutzholzes. Holzfirmen und Sägereien dringen heute vor dem Kolonisten in den Wald ein und erleichtern ihm oft die harte Arbeit.

Ein anderes typisches Phänomen des „Vorpionier"-Stadiums sind die riesigen Latifundien, die Privatleute oder Landgesellschaften mitten im wilden sertão, Jahrzente vor dem Bau der Eisenbahn, für lächerliche Preise von der Regierung erwarben, um sie später in größeren oder kleineren Parzellen mit großem Gewinn zu verkaufen. Andererseits verzögerte oder beeinträchtigten oftmals caboclos, die die Länderei ohne Landtitel in Besitz nahmen, und grileiros, die mit Hilfe zweifelhafter oder gar falscher Besitztitel sich großer Flächen bemächtigten und diese illegal zu verkaufen suchten, den geregelten Vormarsch der Landnahme.

In einigen der Pionierzonen gab es bis zu Beginn dieses Jahrhunderts Indianer.

Genauso wie man ein Vorpionierstadium unterscheiden kann, ist es auch möglich, auf eine Nachpionierzeit hinzuweisen. Diese begann, als das gesamte Land schon in Besitz genommen und der Wald praktisch schon verschwunden war. Aber auf dem Ackerland und den Weiden blieben noch verkohlte Baumstämme stehen und vor langer Zeit gefällte Bäume werden noch zu den Sägereien gebracht, die auch für das Nachpionierstadium charakteristisch sind.

Entlang der Eisenbahn oder der Straße, die ihr im allgemeinen vorausgeht, entwickeln sich im Abstand von 10–15 km Siedlungen und Städte. In ihnen herrschen großer Verkehr und aktiver Handel, aber durch ihre primitive Ausstattung, das Vorherrschen von niederen Holzkonstruktionen und das Fehlen hygienischer Einrichtungen, behalten sie noch ihren Pioniercharakter.

Erst dann, wenn die Straßen gepflastert oder asphaltiert werden, gehen die Stadtzentren vom Pionierstadium zum Kulturstadium über. In der Regel wird zur selben Zeit dann der Bau eines Wasserleitungsnetzes und die Kanalisation der Abwässer vorgenommen. Neben den Aufbereitungs-Industrien für landwirtschaftliche Produkte, wie Maschinen zur Aufbereitung von Kaffee und Reis, Mais- oder Maniokmühlen, die schon in der Pionierzeit existierten, erscheinen Fertigwaren-Industrien, wie Lederwarenbetriebe, Möbelfabriken etc. Zu diesem Zeitpunkt tauchen dann auch alle höheren Formen des sozialen, geistigen und religiösen Lebens auf. Viele dieser neuen Städte im Westen São Paulos schlossen den Kreislauf vom Urwald bis zum modernen Kulturzentrum binnen 10 oder 20 Jahren ab. In keinem Teil der Welt drang die Kultur vielleicht so schnell in den Wald ein wie in dieser Pionierzone. Was mich am meisten beeindruckte, war die Stadt Assis an der Alta Sorocabana, deren erste Häuser 1910 mitten im Urwald erbaut wurden, das bald darauf zum Bischofssitz erhoben wurde, selbst bevor es noch die Schienenstränge der Eisenbahn erreicht hatten. Für einen Europäer, der den Gedanken an einen Bischofssitz immer mit einer jahrhundertealten Stadt verknüpft, voll Ehren und Traditionen, bedeutet dies eine einfach unglaubliche Entwicklung.

IV. VERGLEICH DER PIONIERZONEN BRASILIENS UND DER VEREINIGTEN STAATEN VON NORDAMERIKA

Wir kommen jetzt schließlich zu einem Vergleich der Pionierzonen Brasiliens und der USA. Dieser Vergleich ist sehr gut möglich, denn die Fläche beider Länder ist mehr oder weniger gleich groß und erstreckt sich in ihrer größeren Breite von Ost nach West. Außerdem wurde in beiden Fällen die Besiedlung durch europäische Kolonisten durchgeführt, die vom atlantischen Tiefland aus gen Westen zogen. Aber der Vorgang der Landnahme und der Besiedlung war in beiden Fällen sehr verschieden. Diese Ungleichheit hat ihre Ursachen in grundlegenden Unterschieden der politischen, historischen und sozialen Ordnung beider Länder. Aber auch hinsichtlich der natürlichen Grundlagen gibt es große Unterschiede; es genügt, an die große Verschiedenheit der Breitenlage und der Höhenverhältnisse zu erinnern. Sehr wichtig war auch die unterschiedliche Vegetationsverteilung.

In den Vereinigten Staaten sind die beiden hauptsächlichen Vegetationstypen, der Wald und die Prärie, in zwei breiten Zonen verteilt, die wie Streifen einer riesigen Fahne in Nord-Süd-Richtung angeordnet sind, wobei der Wald im Osten des Kontinents, die Prärie im mittleren Bereich liegt. Zusammen mit der Vegetation existieren gleiche Klima- und Bodenbedingungen ohne große Veränderungen über ausgedehnte Flächen. In Brasilien haben wir in gleicher Weise entlang der Ostküste einen durchgehenden Waldstreifen, aber er ist relativ schmal und mit sehr ungünstigen topographischen Bedingungen verbunden. Im Innern sind Wald und campos — nur mit Ausnahme von Amazonien — mosaikartig ineinandergeschoben. Aufgrunddessen fehlt in Brasilien unter Berücksichtigung der sehr unterschiedlichen Bodenarten der beiden Vegetationstypen die große Gleichförmigkeit der Naturbedingungen, die im mittleren Osten der USA die regelmäßige Ausbreitung des Ackerbaus außerordentlich begünstigten.

A. Der Gang der Besiedlung

Während sich in den Vereinigten Staaten die Kolonisten seit 1880 mehr oder weniger entlang des Ohio-Beckens ohne Unterbrechung in einer Massenbewegung nach Westen vorschoben und binnen weniger Jahrzehnte wie ein Invasionsheer das gesamte Land bis zur klimatischen Grenze der ariden Zone im Westen in Besitz nahmen, verharrte die Besiedlung in Brasilien jahrhundertelang im Waldgebiet der Küstenzone. In das Landesinnere drangen keine Siedlermassen ein, sondern nur kleine Gruppen und sogar Einzelpersonen, die hier und da einigen Erfolg hatten, aber die schon durch ihre geringe Anzahl keine richtige Besiedlung durchführen konnten. Der deutsche Historiker Heinrich Handelmann kennzeichnete schon den Gegensatz des nordamerikanischen und brasilianischen Besiedlungsganges in folgenden Worten: „In Brasilien zerfiel die Hauptmacht des Heeres der Kolonisatoren in einen Strom von Kundschaftern, die, jeder für sich, in schnellen Handstreichen große Erfolge erzielten. Aber dann sind sie gezwungen, als einsame vorgeschobene Posten stationiert zu bleiben, ohne eine regelmäßige Verbindung mit der Nachhut und können nur in sehr ferner Zukunft mit der Vervielfachung der Bevölkerungszahl Hilfe erwarten. Kurz, es genügen einige Worte, um den gesamten Vergleich zusammenzufassen: die nordamerikanische Kolonisation ist Wirklichkeit, die brasilianische bis jetzt nur eine Andeutung."[19]

19 Handelmann, Heinrich, 5, S. 610

Vom Gesichtspunkt der Landnahme kann man auch sagen, daß im Osten der Vereinigten Staaten die Besiedlung sich in einer räumlichen Ausbreitung vollzog, während sie in Brasilien linear oder durch Kerne erfolgte. Darin wurden die Waldgebiete vorgezogen, während die campos vernachlässigt wurden, wenigstens was die Landwirtschaft betrifft. Aus demselben Grunde bilden die Pionierzonen in Brasilien noch heute keinen durchlaufenden Gürtel, sondern bleiben in großen Entfernungen durch etliche Hunderte von Kilometern von Gebieten mit spärlicher Besiedlung und wirtschaftlicher Stagnation voneinander getrennt.

Obwohl im Osten der Vereinigten Staaten die „frontier" des Siedlerheeres, das ins Innere des Kontinents marschierte, immer zusammenhängend war, erfolgte kein gleichförmiges Vorschieben, sondern es gab hier und dort, wie man klar an Hand der Karten der „Census Reports" beobachten kann, „Höcker" in Form von Halbinseln und Einbuchtungen. Dieser unregelmäßige Umriß der „frontier" ist, wie Turner[20] zeigte, das Ergebnis des Einflusses verschiedener Faktoren. So bewirken z.B. Flüsse, wie es vor allem beim Ohio der Fall war, und fruchtbare Böden ein schnelleres Vorstoßen nach Westen, indem sie Ausleger an der Grenze bildeten. Ein langsamerer Vormarsch und das Auftauchen von „Buchten" an der Grenze ereignete sich hauptsächlich dann, wenn die Siedler auf stärkeren Widerstand der Indianer stießen. Mehr als irgend ein anderer Faktor bewirkten die kriegerischen zum Teil militärisch organisierten Indianer, daß in den Vereinigten Staaten die Kolonisten vereint blieben und daß ihr Vorrücken den Charakter einer geschlossenen Massenbewegung annahm.

Oft stelle ich mir vor, wie verschieden die Besiedlung Brasiliens gewesen wäre, wenn die Indianer hier denselben kriegerischen Charakter gehabt hätten wie in Nordamerika und so zahlreich und militärisch organisiert wie jene gewesen wären. Dann hätte die Besiedlung des Landes nicht sprunghaft stattgefunden, sondern hätte sich stetig vorgeschoben, und wir hätten in Brasilien keinen sertão und keine Millionen cabaclos – die über das ganze Landesinnere zerstreut – in einem unnützen Leben dahinvegetieren.

Ich weiß genau, daß die Bandeirantes und die Viehfazendeiros, die als erste ins Innere Brasiliens eindrangen, dauernde, z.T. heldenhafte Kämpfe mit den Indianern – hauptsächlich den Gês – zu bestreiten hatten, und daß sie sich dadurch zu „kriegerischen Clans" zusammentaten, wie es Oliveira Viana ausdrückt[21]. Aber der Widerstand dieser Indianer hätte zwar möglicherweise das Vordringen kleiner Gruppen von Portugiesen erschwert, aber niemals vollständig verhindert. Vor allem fehlten den brasilianischen Indianern die Feuerwaffen, die die nordamerikanischen Indianer schon im 18. Jahrhundert kannten, und außerdem fehlte ihnen jene straffe militärische Organisation, die beispielsweise die Irokesen besaßen, die zu Ende des 18. Jahrhunderts während mehrerer Jahrzehnte das Eindringen der Kolonisten ins obere Hudsontal verhindern konnten.

In einigen Pionierzonen Brasiliens verblieben noch bis zu Beginn unseres Jahrhunderts Indianer, hauptsächlich Botokuden, und verzögerten in gewissem Sinne so

---

20 Turner, F. Jackson, 16, S. 16
21 Oliveira Viana, 10, Kap. X

die europäische Besiedlung. Aber der wirklich negative Faktor war streng genommen nicht der Indianer, sondern der undurchdringliche, geschlossene Wald. An ihn waren die Indianer gewöhnt und sie fanden in ihren unzähligen Schlupfwinkeln eine sichere Zuflucht vor den Europäern. Vereinzelt belästigten sie den einen oder anderen Kolonisten, aber verschwanden schnell wieder in dem Moment, in dem die Regierung energische Mittel ergriff, um die Besiedlung dieser Wälder zu gewährleisten.

Die Bedeutung, die die kriegerischen und militärisch organisierten Indianer für die europäische Kolonisation hatten, kann man auch deutlich am Beispiel Argentiniens ersehen. Obwohl das vollkommen ebene Gelände und die offene Vegetation der Pampas eine schnelle Ausbreitung der Europäer nach allen Richtungen erlaubt hätte, blieb die spanische Kolonisation bis in die 1870er Jahre aufgrund des Widerstandes und der Angriffslust der berittenen und mit Feuerwaffen ausgerüsteten Indianer auf ein verhältnismäßig kleines Gebiet westlich und südlich Buenos Aires beschränkt.

Zur selben Zeit, als die verhältnismäßig wenig zahlreichen und wenig aggressiven Indianer kein Hindernis für die Erschließung Innerbrasiliens darstellten, zog die Entdeckung von Gold und Diamanten die europäischen Kolonisten schnell in das Innere des Urwaldes. Auch dies brachte meines Erachtens dem Land im allgemeinen keine großen Vorteile. Brasilien verdankt zwar der Goldausbeutung die Schaffung einiger alter und fortschrittlicher Kulturzentren im tiefen Interior. Aber in gleicher Weise ist eine große Anzahl von Städten auf das Goldfieber zurückzuführen, die jetzt auf dem besten Wege sind, auszusterben. Dort wohnt heute eine arme Bevölkerung, die sich wenig vom ländlichen Typ, d.h. den caboclos, unterscheidet.

Auch in dieser Hinsicht waren die Vereinigten Staaten begünstigter. Dort befanden sich die quartären Goldlagerstätten, die schon selbst eine große Bevölkerungskonzentration bewirkten, nicht im entfernten Landesinnern, sondern nahe der pazifischen Küste. Außerdem wurden sie nicht von den ersten Siedlern entdeckt, sondern erst lange danach, um die Mitte des vergangenen Jahrhunderts.

B. Die Lage der Pionierzonen

Ebenso wie der Gang der Besiedlung unterschiedlich war, ist auch die Lage der Pionierzonen in beiden Ländern verschieden.

Über die nordamerikanische „frontier" schreibt Turner: „The most significant thing about the American frontier is that it lies at the hither edge of free land. It is the meeting point between savagery and civilization."[22]

Wenn tatsächlich eine so große Ähnlichkeit zwischen der Besiedlung Brasiliens und der Vereinigten Staaten existieren würde, wie man allgemein betont, und wie das Schlagwort „Marsch nach Westen" vermuten läßt, dann wäre zu erwarten, daß sich die Pionierzonen Brasiliens an der „demographischen Grenze" befinden würden, d.h. in den Staaten Goiás, Mato Grosso und Amazonas. Wir alle wissen jedoch, daß dies nicht der Fall ist. Die dynamischen Pionierzonen Brasiliens entwickelten sich weit hinter der „demographischen Grenze" und in einigen Fällen diesseits der

---

22 Turner, F. Jackson, 16, S. 3

wirtschaftlichen Grenze im Innern des alten Siedlungsgebietes und oftmals nahe der Küste, lange Zeit nach der Besiedlung des Landesinnern.

In Brasilien sind die Pionierzonen keine primäre Erscheinung der Eroberung von Neuland, sondern eine Folge davon. Sie bildeten sich erst später und nur dort, wo in dem schon besiedelten Gebiet mehr oder weniger ausgedehnte Waldgebiete übrig blieben. Ihre Fläche ist deswegen beschränkt, und schon wegen der natürlichen Bedingungen können sie nicht unbegrenzt erweitert werden. In diese inselhaften Waldgebiete drangen die Kolonisten nicht nur von Osten ein, sondern auch von Süden und Norden und teilweise von Westen, indem sie von rückwärts eindrangen. Dies führte häufig zu Streitigkeiten zwischen Provinzen und benachbarten Staaten. All dies läßt sich letztlich nicht gut in den Ausdruck „Marsch nach Westen" einbeziehen.

Schließlich zeigten die unter Leitung von Fábio de Macedo Soares Guimarães durchgeführten Studien über die Binnenwanderung der Bevölkerung in Brasilien zwischen 1920 und 1940, daß die Bevölkerung sich nicht in ihrer Gesamtheit nach Westen oder Nordwesten vorschiebt, sondern nach Südwesten wandert und zu den neuen Pionierzonen drängt, die sich im Einflußbereich der beiden Städte São Paulo und Rio de Janeiro bildeten. Dies ist alles, nur kein Marsch nach Westen!

Durch die Lage der Pionierzonen Brasiliens inmitten des alten Siedlungsgebietes erklärt sich ein wichtiger sozialer und kultureller Unterschied zwischen dem brasilianischen und dem nordamerikanischen Pionier. In den Vereinigten Staaten sah sich der Pionier nicht nur der Rauheit des Urwaldes, sondern vielmehr der Angriffslust des Indianers gegenüber. In diesem Kampf tauchten dann jene heroischen und abenteuerlichen Figuren auf, die die Werke eines Fennimore Cooper verewigten und die die Begeisterung der Jugend in aller Welt weckten und noch heute die jungen Generationen faszinieren. In Brasilien haben wir auch diese Heldenfiguren, aber sie gehören der Vergangenheit an und werden jedenfalls nicht mehr in den Pionierzonen des 19. und 20. Jahrhunderts angetroffen. Und so gibt es offensichtlich auch in der brasilianischen Literatur kein klassisches Werk, das den Pionier als Abenteurer oder Helden darstellt. Graça Aranha beschreibt in seinem Buch über das Canaã-Tal im zentralen Espírito Santo in Wirklichkeit in klassischer Weise den sozialen, kulturellen und geistigen Kontrast zwischen dem frisch eingewanderten europäischen Kolonisten und den schon in diesem Gebiet eingesessenen Luso-Brasilianern, aber eine abenteuerliche und heroische Gestalt fehlt vollkommen in seinem Werk, das mehr einen philosophischen Charakter trägt. Auch in der deutschen Literatur ist mir ein Äquivalent zu Karl May nicht bekannt, der nach dem Beispiel von Fennimore Cooper in verschiedenen Büchern das bewegte Leben der Pionier- und Grenzgebiete Nordamerikas schilderte.

Die nordamerikanischen und die brasilianischen Pioniere, gleich welcher Herkunft, haben jedoch einen gemeinsamen Charakterzug. Es ist dies der spekulative Geist der großen Unternehmungen und das Vertrauen in die Zukunft, das sie dazu bewegt, immer vorwärts zu wandern und neue Ländereien zu kaufen, anstatt zu versuchen, das Eigentum, das sie schon besitzen, zu sichern und intensiver zu bearbeiten. Dieser Hunger nach Neuland ist hauptsächlich eine Folge des von den Kolonisten angenommenen landwirtschaftlichen Betriebssystems.

C. Die Entwicklung der Landwirtschaft

Wenn man die Wirtschaftsstruktur der Pionierzonen analysiert, so findet man anfänglich eine absolute Gleichheit in beiden Ländern. Sowohl in Nordamerika, als auch in Brasilien übernimmt der Kolonist in den ersten Jahren der Waldarbeit das System der Brandrodung und des Landwechsels und pflanzt mit Hilfe der Hacke vor allem Mais, Bohnen und Kürbisse, womit er seine Schweine mästet. Mit Ausnahme der Schweinezucht wurde dieses System vollkommen von den Indianern übernommen. Dies, weil es ein sehr einfaches, billiges System ist und schon in wenigen Monaten für die ganze Pionierfamilie Nahrungsmittel erbringt. Dennoch hat dieses System den Nachteil, den Kolonisten nicht an sein Land zu binden, und dies ist der Hauptgrund, weswegen er häufig sein Land verläßt.

Leider war es mir bis heute nicht möglich, herauszufinden, wie lange in den Vereinigten Staaten diese erste Zivilisationsstufe, die durch Landwechsel und durch Anbau nach Eingeborenenart gekennzeichnet ist, andauerte. Im Ohiobecken scheint es, daß sie in kurzer Zeit einer Landwirtschaft nach europäischem Vorbild Raum gab, in der Art eines Fruchtwechsel-Pflugbausystems, kombiniert mit der Stallhaltung des Viehs und der Düngung des Bodens. Der harte Winter, der den Aufenthalt des Viehs im Freien nicht erlaubt, war wahrscheinlich einer der Hauptgründe der schnellen Intensivierung der Landwirtschaft in den zentralen und westlichen Vereinigten Staaten. Zur selben Zeit entwickelten sich größere und kleinere Städte, die die Funktion lokaler Märkte einnahmen und die seit langem miteinander und mit der atlantischen Küste verbunden waren, anfänglich durch Straßen und Kanäle und später durch Eisenbahnen. Damit konnte der Pionier seine Produkte sowohl auf den Binnenmarkt, als auch auf den Auslandsmarkt bringen. Dadurch erzielte er ausreichende Gewinne, um sein landwirtschaftliches Unternehmen zu intensivieren, um Verbesserungen in seinem Betrieb einzuführen und ihn besser zu organisieren. Er konnte auch seinen Kindern eine angemessene Ausbildung geben und schließlich seinen Lebensstandard erhöhen.

So bestand im Inneren des Kontinentes ein kräftiger Wirtschaftsorganismus, der sozusagen durch Eigenenergie sich mit jedem Male mehr nach Westen vorschob, wie aufeinanderfolgende und übereinander laufende Pionierwellen. Dies ist der „Marsch nach Westen" in den Vereinigten Staaten.

Ganz verschieden davon ist die Situation in Brasilien. Hier bildete das Brandrodungssystem und die Landwechselwirtschaft nicht nur eine Übergangserscheinung, sondern einen Dauerzustand. Zusammen mit dem gleichermaßen primitiven System der Viehzucht hatte dies eine spärliche Besiedlung in einem großen Teil Innerbrasiliens durch eine kulturell rückständige und auf einer sehr niedrigen Wirtschaftsstufe stehende Bevölkerung zur Folge. Dies ist genau der sertão mit seinen caboclos, die nur genügend produzieren, um ihre unbedeutenden Bedürfnisse befriedigen zu können. Mit dem Fehlen aufnahmefähiger städtischer Märkte und leistungsfähiger Straßen zur Küste war hier eine gesunde Wirtschaftsentwicklung auf der Basis von Kleinbauern unmöglich, und so fehlte auch der richtige Antrieb, der in den Vereinigten Staaten zu einer Massenkolonisation des Interior führte.

Nur in einem brasilianischen Staate kann man sagen, daß nach dem Beispiel nordamerikanischer Vorbilder eine zahlreiche und tatkräftige Bevölkerung landeinwärts vordrang und dort eine moderne Kulturlandschaft schuf. Dies ist beim verhältnismäßig kleinen Staat São Paulo der Fall, der nur 3 % der Gesamtfläche Brasiliens repräsentiert, aber der 17 % seiner Bevölkerung dort besitzt (Zählung von 1940). Aber auch hier war das Vordringen der Zivilisation nach dem Landesinnern von Verfall begleitet. Dies geschah infolge eines landwirtschaftlichen Raubbausystems in einem küstennahen Gebiet, der Paraíba-Region. Im Südosten bildete sich entlang der Küste ein richtiger sertão im Gebiet des Ribeiratales.

In Wirklichkeit ist der Staat São Paulo von den natürlichen Grundlagen her der am meisten begünstigte Staat Brasiliens. Dort erlaubt ein gesundes Hochlandklima mit subtropischen Merkmalen dem Europäer, schwere körperliche Arbeit ohne Schaden für seine Gesundheit zu verrichten. Es herrscht dort noch ein leicht welliges Relief, das die Anwendung landwirtschaftlicher Maschinen gestattet, und vor allem gibt es die berühmte terra roxa, eine der fruchtbarsten Bodenarten ganz Brasiliens. Schließlich grenzt der Staat an das Meer, was für seine Entwicklung von entscheidender Bedeutung war.

Wo haben wir in einem anderen Teil Brasiliens ähnlich günstige Naturbedingungen und eine gleichermaßen zahlreiche, tatkräftige und aktive Bevölkerung? Wo, wenn nicht dort, existieren alle nötigen Voraussetzungen für eine Massenkolonisation nach nordamerikanischem Vorbild und wurden noch nicht genutzt?

V. DIE BEWERTUNG DES „FERNEN WESTENS" BRASILIENS

Die Hoffnungen vieler Brasilianer richten sich heute auf die Inwertsetzung und Kolonisation der beiden am weitesten im Innern gelegenen Staaten Goiás und Mato Grosso. Außer einheimischen Kolonisten beabsichtigt man hier in großem Maßstabe europäische Kolonisten anzusiedeln. Obwohl vom wissenschaftlichen Standpunkt aus große Teile dieser zwei Staaten entweder noch wenig bekannt oder praktisch unerforscht sind, sind die allgemeinen Züge der natürlichen Grundlagen – Klima, Boden, Vegetation – bekannt und erlauben es, bestimmte Folgerungen hinsichtlich der Ergebnisse der Besiedlung und Nutzbarmachung des Gebietes zu ziehen.

Im Gegensatz zu São Paulo und den anderen Südstaaten, in denen sich die wichtigsten Pionierzonen entwickelten, befindet man sich dort in den Tropen. Obwohl das Klima auf den Wasserscheiden zwischen den wichtigsten Flüssen durch die Höhe gemildert wird, zeigt es einen typisch tropischen Charakter durch die unbedeutende Tages- und Jahresschwankung der Temperatur und durch das Auftreten der Malaria und anderer endemischer Krankheiten. Ob sich unter diesen Bedingungen eine europäische Bevölkerung kleiner Landbesitzer akklimatisieren kann, d.h. über die folgenden Generationen ihre physische und geistige Leistungskraft erhalten kann, ist absolut zweifelhaft.

Das Relief der riesigen chapadas ist andererseits für eine Besiedlung sehr günstig und für die landwirtschaftliche Praxis vortrefflich. Aber da diese chapadas im allgemeinen Sandsteinplateaus oder Altflächen mit sandigen Ablagerungen sind, sind sie wasserarm und haben einen wenig fruchtbaren Boden. Dies zeigt sich im Vorkommen ungeheurer Flächen natürlicher campos. In beiden Staaten gibt es ausgedehnte Waldgebiete mit besseren Böden. Einem dieser isolierten Gebiete verdankt der Staat Mato Grosso seinen Namen, und ein ähnlicher „mato grosso" im Süden von Goiás ist die Bühne, auf der sich die Entwicklung einer der heutigen Pionierzonen abspielt. Aber diese und andere Waldgebiete, deren Fläche und Grenzen wir noch nicht genau kennen, sind durch riesige Kampflächen voneinander getrennt, was eine dichte und fortlaufende Besiedlung, wie sie im Mittelwesten der Vereinigten Staaten beispielsweise verwirklicht wurde, praktisch undurchführbar macht. Wir dürfen nicht vergessen, daß die Steppenböden in den Vereinigten Staaten besser sind, als die Waldböden, und daß die Kolonisation in dem Maße, wie sie nach Westen vordrang, jeweils bessere Böden vorfand. Schließlich bedeckt im Amazonasbecken ähnlich zu Nordamerika dichter Wald ausgedehnte Flächen, so wie auch das Klima und die Bodentypen für eine Massenbesiedlung, hauptsächlich für eine Bevölkerung weißer Rasse, bestimmt ungünstig sind.

All dies führt mich zu dem Schluß, daß der Westen Brasiliens kein Land der Verheißung ist. Und diejenigen, die der Meinung sind, daß sie die Auslaugung und die Verwüstung der Böden im Osten des Landes ohne große Gefahr weitertreiben können, weil im Westen noch große Reserven fruchtbarer Böden verbleiben, begehen meiner Meinung nach einen schweren Irrtum. Für mich bestehen in jedem Falle keine Zweifel, daß die besten Gebiete Brasiliens bereits in Besitz genommen wurden, und daß das Land selbst in Zukunft keinen „Marsch nach Westen" im nordamerikanischen Sinne erleben wird, so wenig wie dies gegenwärtig der Fall ist und in der Vergangenheit war.

Deswegen teile ich auch nicht die Meinung einiger Autoren, die behaupten, daß der entfernte Westen Brasiliens besiedelt werden könnte, sobald sich die demographische Grenze und die Wirtschaftsgrenze gleichzeitig nach Westen vorschieben, und sich überlagern würden und man die politische Grenze erreicht hätte[23]. Dieser Gedanke setzt eine Gleichartigkeit der natürlichen Grundlagen voraus, die im Mittelwesten der Vereinigten Staaten vorhanden war, im brasilianischen Westen aber vollkommen fehlt.

Wenn ich mich jedoch gegenüber dem Gedanken der Erschließung des brasilianischen Westens nach nordamerikanischem Beispiel absolut skeptisch zeige, so bedeutet dies nicht, daß Brasilien keine Möglichkeiten für eine landwirtschaftliche Entwicklung mehr hat. Im Gegenteil, ich beurteile sie sehr hoch, d.h. mehr im qualitativen Sinne des Wortes, als ausschließlich im quantitativen Sinne. Dies soll heißen: die Möglichkeiten bestehen mehr in der Intensivierung der Landwirtschaft im dicht be-

---

23 „Man muß offensichtlich das durch die Wirtschaftsgrenze umfaßte Gebiet erweitern. Diese wird sich bald mit der heutigen Bevölkerungsgrenze decken. Dieses Phänomen wird in seiner Weiterentwicklung schließlich die demographische und wirtschaftliche Grenze mit den nationalen politischen Grenzen zusammenfallen lassen. Nur dann hätten wir wirklich Brasilien in Besitz genommen und erobert." Hehl Neiva, Artur, 6, S. 226

siedelten Osten, als in der Ausbreitung der mit extensiven Methoden bewirtschafteten Fläche nach Westen.

Auf jeden Fall müßte zuerst der gesamte sertão im ländlichen Bereich und von den brasilianischen Karten verschwinden, und dies bevor man an eine Besiedlung des entfernten Westens denkt. Aber diese sogenannte innere Kolonisation und die Wiederbesiedlung („resettlement") wird eine beschwerliche und langsame Arbeit sein, deren grundsätzliche Voraussetzung ein wirtschaftlicher und geistiger Wandel bei der gesamten Bevölkerung des sertão ist.

Andererseits ist es zweifellos notwendig, daß Brasilien, im Zeitalter des Flugzeugs, die notwendigen Schritte ergreift, um seinen unbekannten und wenig entwickelten Westen zu erforschen und ihn unter eine organisatorische Verwaltung zu stellen. Dies ist aber meines Erachtens mehr eine Notwendigkeit militärischer als wirtschaftlicher Art. Es ist wirtschaftlich nicht gerechtfertigt, d.h. es wird keinen Nutzen bringen, die Kolonisation immer weiter ins Innere des Kontinents vorzutreiben, bevor die Besiedlung des Ostens Fortschritte gemacht hat und bevor sich dort in der Art des Mittelwestens der Vereinigten Staaten lokale Märkte und industrielle Zentren entwickelt haben. Wenn man die Besiedlung des entfernten Westens ohne die Garantie eines gewinnbringenden Absatzes der landwirtschaftlichen Produkte beginnt, so wird man in den alten Fehler der Kolonisation Brasiliens verfallen, nämlich die Kolonisten mitten im Urwald anzusiedeln und danach ihrem Schicksal zu überlassen. Damit schafft man einen neuen sertão und einen neuen Schub caboclos. Man kann dies nicht einen Marsch nach Westen nennen.

Eine Kolonisation ist mit gutem Erfolg nur dort möglich, wo eine Handelsware („cash product") produziert wird, die einen guten Anklang auf dem nationalen oder internationalen Markt findet. Der Gedanke, daß die Kolonisation des entfernten Interior mit der Gründung von Städten begonnen werden muß, die den Markt für die Kolonisten bilden, die sich später in der Nähe ansiedelten und ihrerseits von den Städten die Fertigwaren erhalten würden, kann leicht zu einem circulus vitiosus führen. Auf jeden Fall wird in dieser geschlossenen Wirtschaftsform ein landwirtschaftliches oder industrielles Produkt hergestellt werden müssen, das zu den entferntesten Märkten gebracht werden kann und das auch die Gewinne abwirft, die die grundsätzliche Voraussetzung sind, um den Kolonisten dazu zu bewegen, im Urwald zu siedeln und dort zu bleiben. Aber wo ist dieses Produkt, das den Wert von Gold hat und wie dieses Material fähig ist, einen „boom" im fernen Westen Brasiliens hervorzurufen?

Solange dieses nicht existiert und im Osten noch Ländereien verfügbar sind, wird kein Mensch mit klarem Verstand an einem erzwungenen Marsch nach Westen teilnehmen. An diesem Wahnsinn begeistern sich spontan nur die Abenteurer und Landspekulanten, Bevölkerungselemente, von denen Brasilien schon zuviel hat und die für eine Kolonisation auf solider Grundlage unerwünscht sind. Es sind nicht diese Elemente, die das Land benötigt, sondern es ist der richtige Bauer in europäischem Sinne, dessen Tugend es ist, eng mit seiner Scholle und seinem Eigentum verwurzelt zu sein, und der sich bemüht, es zu einer richtigen Heimat umzugestalten, die sich über Generationen erhalten wird und vom Vater auf den Sohn und von diesem auf den Enkel übergeht. Nur er wird mit Hilfe seiner intensiven landwirtschaftlichen Methoden in der Lage sein, die erschöpften Böden des Ostens in dauerhaftes Ackerland zu verwandeln und damit die großen Lücken der Bevölkerungsverteilung im alten Siedlungsgebiet zu schließen. Die Zukunft Brasiliens liegt nicht im Westen, sondern im Osten. Der große Wahlspruch müßte so meiner Meinung nach nicht „Marsch nach Westen", sondern „festes Fußfassen im Osten" heißen. Dieser Ausdruck ist weniger theatralisch, aber ich glaube, daß er besser der brasilianischen Wirklichkeit entspricht.

Es befriedigt mich, zum Schluß auf einige brasilianische Autoren hinweisen zu können, die zu denselben Erkenntnissen und demselben Schluß wie ich kamen.

Der brasilianische Geograph und Schriftsteller Caio Prado Júnior äußerte sich 1943 scharf gegen die unüberlegte Verbreitung des Ausdrucks „Marsch nach Westen". Es scheint logisch, daß man, bevor man vorwärts geht und in halbunzugängliche sertões eindringt, sich mit dem befaßt, was dahinterlag. Hier gibt es viel zu tun. Der „Marsch nach Westen", so berühmt als eine Politik des Ansporns zur Durchdringung des Interior, ist offensichtlich dabei, in unseren jahrhundertealten Irrtum zurückzufallen: die Zerstreuung und Unbeständigkeit der Besiedlung.[24]

Der Ingenieur und Geograph Américo Barbosa de Oliveira hält „jenes Gefühl des Brasilianismus", das dem Wort „Gang nach Westen" verliehen wird, für eine „mystische Formel". „Eine sehr glückliche literarische Schöpfung, deren vage Bedeutung aber Möglichkeiten zur Rechtfertigung der größten politischen, sozialen und wirtschaftlichen Unsinnigkeiten gibt." „Es ist eine Formel, die die Sehnsüchte im Unterbewußtsein aller Großgrundbesitzer und Spekulanten des Landes zufriedenstellt. Der des Westens, die mit der möglichen Aufwertung ihres Besitzes rechnen und der des Ostens, die dadurch die Sicherheit der Aufrechterhaltung des „status quo" erlangen, d.h. die Sicherheit, die extensive Bewirtschaftung des Bodens ruhig schmarotzend weiterführen zu können oder sich zu bereichern mit ihrer „Aufwertung des Bodens, ohne ihn zu bewirtschaften".[25]

---

24 Prado Jr., Caio, 13, S. 30
25 Oliveira, Américo Barbosa, 9, S. 64

BIBLIOGRAPHIE

1 Barros Ferreira: A maravilhosa história das estradas de ferro de São Paulo. — Diário de São Paulo — 2—17, März 1950.
2 Crotton, Décio Ferreira: O modelado de Campos. — Boletim Geográfico, *7*, 79, 1949, S. 690—727. I.B.G.E. — C.N.G.
3 Deffontaines, Pierre: Pays et paysages de l'Etat de Saint-Paul. Première esquisse de la division régionale (Deuxième article). Annales de Géographie, *45*, 253, 1936.
4 Graça Aranha, José Pereira da: Canaã. — 10. Aufl. Rio de Janeiro 1949, 276 S.
5 Handelmann, Heinrich: Geschichte von Brasilien. Berlin 1860, 989 S.
6 Hehl Neiva, Artur: A imigração na política brasileira de povoamento. — Revista Brasileira dos Municípios, *2*, 6, 1949, S. 220—244.
7 James, Preston E.: The coffee lands of Southeastern Brazil. — The Geographical Review, *22*, 2, 1932, S. 225—244.
8 Milliet, Sérgio: Roteiro do café. — Coleção Departamento Cultural, *25*, São Paulo 1941, 3. Aufl., 211 S.
9 Oliveira, Américo L. Barbosa de: Estudos brasileiros de economia. — Fundação Getúlio Vargas, *1*, 1, 1946, Rio de Janeiro, 121 S.
10 Oliveira Viana: Populações Meridionais do Brasil. — Coleção Brasiliana, 5. Sér., Bd. 8, Rio de Janeiro 1938, 422 S.
11 Prado Jr., Caio: História econômica do Brasil. — São Paulo 1945, 318 S.
12 Prado Jr., Caio: Problemas de povoamento e a pequena propriedade. — Boletim Geográfico, *1*, 12, 1944, S. 17—31. I.B.G.E. — C.N.G.
13 Prado Jr., Caio: Formação do Brasil Contemporâneo (Colônia). — São Paulo 1945, 2. Aufl., 388 S.
14 Setzer, José: Os solos do Estado de São Paulo. — Biblioteca Geográfica Brasileira, Serie A, *6*,. I.B.G.E. — C.N.G., 387 S.
15 Van Delden Laerne, C.F.: Brazil and Java (Report on coffee culture in America, Asia and Africa). — London, 1885, 637 S.
16 Turner, Frederick Jackson: The frontier in American History. New York 1920, 375 S.

„WAS ICH IN BRASILIEN LERNTE"*

Wenn ich heute, am Vorabend meiner Rückkehr in die Vereinigten Staaten, zu Ihnen sprechen möchte, so tue ich dies aus zwei Gründen.

In den vier Jahren meiner Anwesenheit in diesem Lande traf ich auf so viel guten Willen, Hilfe und Unterstützung von Seiten aller, daß ich hier, öffentlich, meinen aufrichtigen Dank aussprechen möchte . . .

Es ist jedoch nicht nur das Gefühl des Dankes, das mich heute erfüllt. Ich will zugleich auch Rechenschaft vor Ihnen und mir selbst über das ablegen, was ich in diesen vier Jahren meines Aufenthaltes in diesem Lande tat und wissenschaftlich erarbeitete.

Ich glaube, ich kann dies am besten, wenn ich Ihnen die Gedanken und Vorstellungen schildere, die ich über Brasilien hatte, als ich ankam und wie sich dieselben hier entwickelten. So lautet das Thema meiner heutigen Rede: „Was ich in Brasilien lernte."

Das erste, was ich lernen mußte, war, einen klaren Begriff von der Größe dieses Landes zu bekommen. Die Tatsache, daß Brasilien 8,5 Millionen qkm umfaßt, bedeutet für den, der das Land aufgrund von Büchern und Karten studiert, wenig. Aber einer, der wie ich tagelang ununterbrochen die riesigen Entfernungen dieses Landes überflogen hat und nach Zusammenzählen aller mit dem Auto unternommenen Exkursionen, die mehr als ein Jahr Reisezeit ergeben, zugeben muß, daß er nur einen sehr kleinen Teil des Landes gesehen hat, fühlt danach Ehrfurcht vor dem Kontinent Brasilien und hat die richtige Sicht für dessen Probleme. Brasilien ist in der Tat ein Kontinent. Es wird von verschiedenen, gut differenzierten geographischen Regionen gebildet, die in Europa notwendigerweise unabhängige politische Einheiten, d.h. Länder, wären. Diejenigen, die diese regionalen Unterschiede vergessen oder nicht kennen und Brasilien als eine natürliche Einheit darstellen, begehen einen großen Fehler wider die Geographie und können großen Schaden verursachen, wenn sie einmal verantwortliche Stellungen einnehmen.

Außerdem lehrten mich meine Exkursionen durch Brasilien, wie wenig dieses große Land noch bekannt ist, und wie es in einer unzureichenden, oberflächlichen und oft fehlerhaften Weise dargestellt wird.

Anstatt auf die Fehler in unseren Kenntnissen hinzuweisen, versuchen verschiedene Autoren von Lehrbüchern, diese Lücken in einem journalistischen Stil mit einer vagen Phraseologie auszufüllen. Aus diesen und anderen Gründen verstehe ich heute, warum so viele Gebildete anderer Wissenschaften die Geographie verachten und sie für oberflächlich halten. Die Schuld dafür liegt jedoch nicht bei der Geographie, sondern bei vielen Geographen. Die Geographie ist wie die Geschichte und die

---

* Der Vortrag wurde am 17. August 1950 in Rio de Janeiro gehalten. Übersetzung von G. Kohlhepp aus: Revista Brasileira de Geografia (Rio de Janeiro) 12, 3, 1950, S. 419–428.

Philosophie eine synthetische Wissenschaft, und als solche besitzt sie eine starke Dosis Kunst: sie umfaßt viele Gebiete des Lebens und deswegen erweckt sie im Laien ein großes Interesse. Genauso ist es mit der Kunst.

Wir können nicht jeden, der ein Instrument spielt, Musiker oder gar Künstler nennen. In der Geographie ist unglücklicherweise die Verwechslung zwischen Amateur und Fachmann sehr verbreitet.

Ich bitte um Erlaubnis für noch eine weitere Beobachtung über Geographiebücher im allgemeinen und über die Bücher der Geographie Brasiliens im besonderen; die Mehrheit der Autoren dieser Bücher, ich beziehe mich jetzt nur auf die ausländischen, geben sich mit dem Studium der geographischen Literatur im begrenzten Sinne zufrieden und zollen der reichen, im Lande vorhandenen historischen Literatur nicht die gebührende Achtung. Ich beging denselben Fehler und begann erst im letzten Jahr mit dem Studium historischer Werke. Dabei machte ich eine erstaunliche Entdeckung: daß nämlich die Historiker und Soziologen wie Capistrano de Abréu, Oliveira Viana und Caio Prado Júnior ein außerordentliches Verständnis für geographische Zusammenhänge besitzen. Ich nehme an, daß hier diese Dinge wohl in der Schule gelernt werden. Ein Ausländer muß jedoch eine umfangreiche Literatur zu Rate ziehen, was nicht immer nutzbringend ist und viel Zeit kostet.

Von Anfang an erkannte ich, daß der Geograph, der nur zeitweilig in Brasilien bleiben möchte, sich in regionaler oder systematischer Geographie spezialisieren muß. Ich wählte das Letztere und konzentrierte meine Arbeit auf zwei Probleme: Die Landnutzung und die Kolonisation. Schon bei meinen ersten Exkursionen stellte ich fest, daß beide Probleme in einem viel größeren Maße verbunden sind, als ich anfänglich annahm, und daß eines ohne das andere nicht verstanden werden kann. Die Geschichte der europäischen Kolonisation in Brasilien hätte einen anderen Weg eingeschlagen, wenn die Staatsmänner und die Kolonisatoren ein größeres Verständnis für die Landnutzungsprobleme Brasiliens gehabt hätten. Die Fehler der Vergangenheit können jedoch teilweise korrigiert werden und es ist zu hoffen, daß sie beim Fortgang der Kolonisation und Besiedlung des Landes vermieden werden mögen.

Nach der statistischen Erhebung von 1940 beträgt die genutzte Fläche nur 2 Millionen qkm oder ungefähr $^1/_4$ der Gesamtfläche. Diese Zahl, selbst wenn sie übertrieben niedrig ist, versetzt Brasilien in eine einzigartige Position unter allen großen Ländern der Erde, denn es besitzt ein riesiges, nicht genutztes Gebiet, ohne von ausgedehnten Wüsten oder Kordilleren bedeckt zu sein. Seine Stellung auf der südlichen Halbkugel wächst noch durch die Entfernung von der politisch bewölkten nördlichen Hemisphäre. So kann man verstehen, daß sich heute die Aufmerksamkeit der ganzen Welt Brasilien zugewandt hat.

Da Brasilien die letzte große Reserve ungenutzten Landes in der westlichen Welt besitzt, wird das Problem der Nutzung dieses Landes mit seinen ausgedehnten, unbewohnten Räumen nicht nur ein brasilianisches Problem ersten Ranges, sondern direkt ein Problem der ganzen Welt. Es war diese Frage, die mich nach Brasilien führte und die das Leitmotiv meiner gesamten Arbeit hier war.

Wenn man sich eine Meinung über die zukünftige Kolonisation der unbewohnten Gebiete Brasiliens bilden will, muß man vorher jedoch wissen, welches die Methoden und Grundlagen waren, die bei der schon durchgeführten Kolonisation angewandt wurden.

Die Spekulationen über die Kolonisationsmöglichkeiten eines Landes, die nur auf den physischen Grundlagen beruhen, bleiben ohne Berücksichtigung der wirtschaftlichen und sozialen Entwicklung der schon kolonisierten Ländereien vollkommen ohne Basis.

Davon überzeugte ich mich auf der ersten Exkursion ins Landesinnere im Süden von Goiás, wohin ich reiste, um die Kolonisationsmöglichkeiten für Europäer zu studieren. Danach ließ ich den Gedanken fallen und wandte meine Aufmerksamkeit dem subtropischen Süden Brasiliens zu, wo die europäische Kolonisation seit mehr als 120 Jahren große Erfolge erreicht hatte. So wenigstens steht es in allen Büchern.

DIE EUROPÄISCHE KOLONISATION

Unter europäischer Kolonisation verstehe ich die Niederlassung von Europäern auf kleinen Landstücken, die sie ohne die Hilfe irgendeiner fremden Arbeitskraft bewirtschaften. Es handelt sich also um die Errichtung ländlichen Kleinbesitzes nach europäischem Vorbild auf brasilianischem Boden.

In dem Artikel über „Grundlagen der europäischen Kolonisation Südbrasiliens" stellte ich die vorläufigen Ergebnisse meiner Studien zusammen und kann dadurch hier erklären, daß die Kolonisation des südlichen Brasilien durch Europäer weit davon entfernt ist, den großen Erfolg darzustellen, der allgemein in der Literatur beschrieben wird. Dafür sind drei Faktoren verantwortlich:

1. Die Kolonisten, unter denen es nur wenige erfahrene Landwirte gab, wurden fast immer in der Wildnis angesiedelt, entfernt von jeglichem städtischen Zentrum. Damit fehlte ihnen die Möglichkeit, ihre Produkte auf den Markt zu bringen und gleichzeitig wirtschaftlich sowie kulturell vorwärts zu kommen.
2. Es wurden nur Kolonien im Urwald angelegt, die die Anwendung des Eingeborenensystems des primitiven Landwechsels erlaubten, das keine Viehzucht kennt.
3. Für dieses extensive System waren die den Kolonisten gegebenen Landstücke von 20–30 ha viel zu klein. Das Ergebnis war die Verminderung der Ernten und die Abwanderung der Kolonisten, besonders in gebirgigen Gegenden.

Dieses Kolonisationssystem Südbrasiliens führte weder für den europäischen Kolonisten, noch für das Land zum erhofften Erfolg. In jeder Beziehung steht die europäische Kolonisation in Südbrasilien auf einer weit tieferen Stufe als die europäische Kolonisation Nordamerikas. Diese Beobachtung bezieht sich aber nur auf die ländliche Kolonisation Südbrasiliens und nicht auf die städtische.

Die Tatsache, daß bei der europäischen Kolonisation in Brasilien große Fehler begangen wurden, ist schon weitgehend bekannt. Dies sah ich klar bei meiner letzten Exkursion in den Staat Bahia.

Vor 130 Jahren versuchte die kaiserliche Regierung, europäische Kolonien im Süden Bahias unter Verwendung derselben Methoden zu gründen, die in Südbrasilien angewandt wurden. Sämtliche Versuche scheiterten nach einer großen Verschwendung von Arbeitskraft und Geld.

Seit einigen Jahren versuchte der Staat Bahia, in kleinen Gemeinden europäische Einwanderer, hauptsächlich Polen und Italiener, anzusiedeln. Die angewandten Methoden sind allgemein sehr vernünftig.

Die hauptsächliche Absicht der neuen Kolonisation ist die Versorgung der Stadt Salvador und in geringerem Maße auch von Feira de Santana mit Lebensmitteln, besonders Gemüse und Früchten. Deswegen sind die Kolonien nicht mehr im Sertão gelegen, sondern möglichst nahe den Städten. Außerdem wurden Kolonien in den verschiedensten Vegetationsgebieten und Höhenlagen gegründet, um eine größtmögliche Verschiedenheit an Produkten zu erzeugen: Eine der Kolonien ist ganz in der Nähe von Salvador fast in Meereshöhe gelegen; eine zweite befindet sich in der sog. Waldzone, nahe Feira de Santana in einer Höhe von 200 m, und eine dritte Kolonie liegt in 800 m Höhe auf dem fernen Hochland von Jaguaquara.

Die durchschnittliche Fläche der Landstücke beträgt ungefähr 30 ha, was in diesem Falle genügend ist, da die Felder gedüngt werden. Es wird Fruchtwechselwirtschaft betrieben, und die Brandrodung ist verboten.

Alle diese Erfahrungen mit europäischen Kolonisten sind kaum ein Jahr alt; ich glaube jedoch, daß sie sehr erfolgversprechend sind. Dennoch wurde ein großer Fehler begangen: auf dem gesunden Hochland von Jaguaquara wurden Italiener angesiedelt, während sich im viel tiefer gelegenen Waldgebiet Polen befinden und nördlich von Salvador im Tiefland dicht neben Japanern sogar einige Jugoslawen. Die umgekehrte Verteilung wäre die richtigere gewesen: Polen und Jugoslawen auf dem Hochland und Italiener auf den tiefer gelegenen Ländereien des Waldgebietes.

Bei der europäischen Kolonisation Brasiliens muß man genau die Mittel- und Nordeuropäer von den Südeuropäern unterscheiden. Diese sind von ihrem Vaterland her gewohnt, schwere Feldarbeit in einem Klima mit sehr heißen Sommern und milden Wintern zu verrichten und gewöhnen sich, wie die Erfahrung zeigte, leicht an die klimatischen Bedingungen Brasiliens, sei es auf dem Hochland oder im Tiefland. Der Mitteleuropäer jedoch, der aus einem Land mit milden Sommern und kalten Wintern kommt, leidet unter schwerer Feldarbeit während der heißen Sommer sehr und dieses Leiden wächst in dem Verhältnis, wie sich die Höhenlage der Ländereien verringert. In der polnischen Kolonie Rio Sêco im Waldgebiet Bahias, die auf dem 12. Breitengrad in 200 m Höhe gelegen ist, leben etwa 10 polnische Familien nun fast ein Jahr. Die Männer, mit denen wir sprachen, sind in der Mehrzahl jung, beklagen sich jedoch über die Hitze und andauernde Krankheiten jeglicher Art. Sie sagten, daß sie den größten Teil der Zeit krank seien. Die Hitze schadet ihnen so sehr, daß sie es vorziehen, die schweren Arbeiten während der Nacht beim Mondschein auszuführen.

Auch in Espírito Santo und in den Küstenniederungen, genauso wie in den tiefgelegenen Tälern Südbrasiliens beobachtet man überall, daß der mitteleuropäische Kolonist, selbst in der zweiten und dritten Generation der Auswanderer, seine physische und geistige Widerstandskraft verliert und einen beklagenswerten und unterernährten Anblick bietet. Nur auf dem Hochland Südbrasiliens und São Paulos, wo selbst im Sommer die Nächte erfrischend sind und im Winter sogar Fröste vorkommen können, traf ich kräftige und gesunde mitteleuropäische Kolonisten.

Ich wiederhole und möchte es besonders hervorheben, daß diese Beobachtung sich nur auf den Bauern bezieht, der schwere Arbeit leistet, während die Verhältnisse bei den anderen Berufen, hauptsächlich den städtischen, sich sehr davon unterscheiden. Diese verbrauchen im allgemeinen weniger Kraft und können sich leichter vor der Hitze schützen als der Landbewohner bei seiner Arbeit auf dem freien Felde.

So führten mich meine Beobachtungen hier zu dem Schluß, daß im allgemeinen der Mitteleuropäer sich nicht eignet, um als Landmann in den tropischen Tiefländern zu arbeiten. Das äquatoriale Tiefland des Amazonas steht da vollkommen außer Frage. In den Tropen müssen die Mitteleuropäer auf den Hochländern angesiedelt werden, und selbst dann ist es notwendig, die klimatischen Verhältnisse dieser Gebiete zu untersuchen, ob sie eine schwere körperliche Arbeit ohne Schaden für die Gesundheit, sowohl des Kolonisten als auch seiner Kinder erlauben. Über diese Dinge wissen wir noch wenig, und sie sind nicht so einfach zu lösen, wie gewisse Kolonisatoren und Staatsmänner glauben.

Die Tatsache, daß unter allen ausländischen Einwanderern die Japaner sich als die besten Kolonisten hervorheben, ist sehr bezeichnend. Sie kommen aus einem Land mit heißen und feuchten Sommern wie die Brasiliens.

Obwohl Brasilien Einwanderer benötigt und niemals eine genügende Anzahl von ihnen hatte, ist es für die landwirtschaftliche Arbeit nicht so sehr von ihnen abhängig, wie ich anfangs glaubte. Der Westen São Paulos ist zweifellos das blühendste landwirtschaftliche Gebiet Brasiliens. Dies ist nicht nur den Südeuropäern und Japanern, sondern in viel größerem Maße vor allem den Hunderttausenden von „mineiros" und „nortistas" zu verdanken, die hier als landwirtschaftliche Arbeiter, Pächter und Kleinbesitzer etwas Außergewöhnliches vollbrachten.

DIE LANDNUTZUNG

Dies führt mich zu meinem zweiten Interessengebiet: der Landnutzung. Obwohl die Art der Landnutzung die Grundlage der Ernährung des Volkes und der ganzen brasilianischen Wirtschaft ist, gibt es auf keinem anderen Gebiet eine größere Gedankenverwirrung als gerade in der Landwirtschaft, und darüber lernte ich hier am meisten.

Es gibt in Brasilien drei Haupttypen der Bodennutzung: den landwirtschaftlichen Großbesitz, die Weidewirtschaft und den landwirtschaftlichen Kleinbesitz. Diese Typen bilden nicht nur landwirtschaftliche Systeme, die allein für den Agronomen von Interesse sind, sondern sind gleichzeitig wirtschaftliche, soziale und kulturelle Institutionen, die sowohl für den Soziologen wie für den Historiker oder den Geographen von Interesse sind. Für diesen haben diese Einrichtungen die größte Bedeutung, denn von ihnen hängt der Aspekt der Agrarlandschaft ab. Außerdem beeinflussen sie den Haustyp, die Besiedlung und im ganzen den Lebensstandard der Bevölkerung. Aus diesem Grunde kann der Geograph durch Beobachten der Kulturlandschaft dem Studium der Landwirtschaftssysteme einen großen Beitrag liefern.

Von den drei großen in Brasilien angewandten Agrarsystemen ist das des Großgrundbesitzes das bekannteste. Es ist dieses System, das mit der Aufwendung einer großen Menge von Kapital und Arbeitskraft Handelswaren von hohem Wert für den Weltmarkt erzeugt. In englischen Büchern ist es unter dem Namen „plantation system" bekannt.

Die soziale, kulturelle und politische Bedeutung des Zuckerrohranbaus im Nordeste wurde in meisterhafter Weise von Gilberto Freyre beschrieben.

Wie ich wußte, war das zweite System, d.h. die Weidewirtschaft, in viel geringerem Maße Gegenstand geographischer oder sozialer Forschungen gewesen, obwohl sie in der Geschichte und Wirtschaft des Landes eine sehr bedeutende Rolle gespielt hatte. Es existiert eine große Verschiedenheit von Typen von Viehfazenden, die eine folgerichtige geographische Verteilung haben, vor allem in Abhängigkeit von der Marktentfernung sowie auch vom Klima und der Vegetation. Orlando Valverde studiert gegenwärtig diese Typen, und ich hoffe, daß daraus ein wertvoller Beitrag nicht nur für die Kulturgeographie, sondern auch für die brasilianische Soziologie resultiert.

Das dritte Agrarsystem, das des Kleinbesitzes, ist zur selben Zeit Stiefkind und Kinderkrankheit der nationalen Landwirtschaft. Stiefkind, weil selten in der Literatur die Methode behandelt worden ist, mit der man Getreide anbaut; und Kinderkrankheit, weil es grundsätzlich für die Unterernährung des Volkes verantwortlich ist. Diesem vernachlässigten System widmete ich meine hauptsächliche Aufmerksamkeit, wobei ich bis heute vier Arten unterscheiden konnte, mit denen man in Brasilien Getreide anbaut.

Die erste ist die, die ich als „einfache Landwechselwirtschaft" bezeichnete. Sie ist allen unter dem Namen „roça-System" bekannt und wird in der geographischen Literatur „shifting cultivation" oder „Nomaden-Landwirtschaft" genannt und ist nicht immer mit viel Besitz verbunden.

Als ich in Brasilien ankam, wußte ich durch meine Erfahrung in Mittelamerika, daß dieses System zum Anbau von Mais und Bohnen nicht nur von den Indianern sondern auch von allen europäischen Fazenden benutzt wird. Da in Mittelamerika die gesamte landwirtschaftliche Arbeit auf den europäischen Fazenden von Indianern ausgeführt wird, versteht man, daß diese — selbst im Dienste der Europäer — ihre eigenen Landbausysteme anwenden.

Aber wie groß war meine Überraschung, als ich dasselbe primitive System von deutschen Kolonisten bei Blumenau in Südbrasilien angewandt fand! Hier waren auf den steilen Hängen dieselben kleinen, unregelmäßig zerstreuten Pflanzungen inmitten großer Flecken von „capoeira" (Sekundärwald), wie ich sie in der Kulturlandschaft der Indianer Mittelamerikas beobachtet hatte. Man hat eher den Eindruck einer Verwüstung und Zerstörung als von Sorgfalt und Arbeit, was die Worte Anbau und Ackerland eigentlich nahelegen würden.

Dieses System wird von allen europäischen Kolonisten in Südbrasilien ausnahmslos angewandt, wenn sie zum ersten Male in den Wald eindringen. Sie übernahmen es natürlich von den Indianern und benutzten ehemals Grabstock und Hacke als Arbeitsinstrumente. Man verwendet nicht den Pflug. Der Anbau von Mais und Bohnen und die Schweinezucht liefern die hauptsächlichen Erzeugnisse dieser Wirtschaft, die vor allem auf den Eigenverbrauch zugeschnitten ist.

In den abgelegenen und besonders den Gebieten mit unruhigem Relief wurde dieses System ein Dauerzustand, und wie ich in der oben erwähnten Arbeit zeigte, führte dies zur „Caboclisierung" von Zehntausenden von Europäern in Südbrasilien.

Sobald der größte Teil des Waldes gerodet ist, geht die Mehrzahl der europäischen Kolonisten in dem Maße, wie es die Gestaltung des Geländes erlaubt, zum Gebrauch des Pfluges über. Aber dies bedeutet nicht, wie ich früher irrtümlich annahm, daß sie sofort zur Düngung des Bodens und zum Fruchtwechsel nach europäischer Art übergehen. Ganz im Gegenteil! Diese Kolonisten betreiben auch Landwechselwirtschaft und lassen das Land ununterbrochen jahrelang als „capoeira" liegen, bevor sie es bebauen. Außer Mais, Bohnen und Maniok werden dann andere Kulturen wie Weizen, Roggen und Speisekartoffeln angebaut. Neben Schweinen halten sie noch etwas Großvieh. Damit verbessert der Kolonist die landwirtschaftlichen Bedingungen und auch seinen eigenen Lebensstandard. Aus diesem Grunde nannte ich diesen Typ der Landwirtschaft „verbesserte Landwechselwirtschaft".

Dieses System wird auf allen großen brasilianischen Fazenden zum Anbau von Getreide angewandt. Selbst der größte Teil des Reises odes des Weizens wird in Brasilien mit Landwechselwirtschaft in ihrer einfachen oder verbesserten Form erzeugt. Dies wird durch die „capoeira" deutlich, die in diesem Land so verbreitet ist. Vom Gesichtspunkt der Landwirtschaft aus ist sie ein markantes Symbol Brasiliens.

Nun, dieses System des Landwechsels, das keine Düngung benutzt, ist wirtschaftlich vollkommen gerechtfertigt, wenn der Fazendeiro über genügend Land verfügt, um es als „capoeira" liegen zu lassen, bis es seine natürliche Fruchtbarkeit wiedererlangt.

Bei der gegenwärtigen Zerstückelung der Latifundien weisen die großen Fazenden aber nach vierhundert Jahren der Bewirtschaftung dieselbe Erschöpfung der Böden auf, wie sie die kleinen Landstücke der europäischen Kolonisten nach einigen Jahrzehnten zeigen.

Unter diesen Umständen wird die Frage der Düngung zu einem ernsten Problem in Brasilien. Die Fazendeiros verwerten, selbst wenn sie Hunderte Stück Vieh besitzen, den Dung nicht, sondern lassen ihn ungenutzt im Korral oder auf der Weide liegen. Kunstdünger ist in Brasilien sehr teuer, und die Anwendung von Gründünger ist erst in manchen Gebieten eingeführt worden. Es ist wirklich seltsam zu sehen, wie hier alle Fazendeiros sich der Verwendung von Dünger entgegensetzen. Es herrscht in Brasilien ein richtiger „Widerwille" gegen Düngung. Dies ist in einem Land mit billigen und reichlich vorhandenen Ländereien vollkommen verständlich. Aus diesem Grunde sind in Brasilien, wie auch in allen anderen Ländern der amerikanischen Tropen, die zwei Hauptzweige der Landwirtschaft, der Ackerbau und die Viehzucht, sowohl wirtschaftlich als auch räumlich getrennt. Dies führt einerseits zum System des einfachen Landwechsels, andererseits zu der gleichermaßen primitiven Weidewirtschaft der großen Fazenden. Auf diese Weise hat Brasilien den wertvollsten Dünger, den Naturdünger, verschleudert und verloren, und seine Böden haben sich in einem solchen Ausmaße verschlechtert, daß es sowohl Landwirte wie Staatsmänner alarmiert hat.

Als Lösung dieses beängstigenden Problems schlägt man oft die Mechanisierung der Landwirtschaft vor. Dies ist jedoch meiner Meinung nach nicht so wichtig wie die Verwendung von Dünger. Wir wissen schon, daß der Pflug sich vollkommen mit der Landwechselwirtschaft verbinden läßt und daß die Japaner mit ihren Intensivkulturen nicht den Pflug benutzen, sondern die Hacke und den Spaten. Sie düngen jedoch ihre Felder regelmäßig.

Die älteste und vielleicht beste Methode der Düngung ist die Anwendung tierischen Dungs. Obwohl dies offenbar sehr einfach ist, schließt diese Methode der Düngung dennoch einen komplizierten Prozeß ein. Sie verlangt die wirtschaftliche und räumliche Verknüpfung von Ackerbau und Viehzucht. Unter Anwendung eines bestimmten Systems des Fruchtwechsels auf den gedüngten Feldern ist es dann möglich, Dauerfeldbau zu betreiben und auf einer kleinen Fläche große Erträge zu erzielen.

So verschwindet die „capoeira" und gibt sorgfältig gepflegten Feldern und Weiden Raum, die Bevölkerungsdichte steigt, die Ernährung des Volkes wird vielgestaltiger und reichhaltiger. Dies ist der Typ der Landwirtschaft, den ich gemischten Ackerbau nannte. Davon hängt die tausendjährige europäische Landwirtschaft ebenso wie die junge Weltmacht der Vereinigten Staaten ab.

Wo findet man dieses System in Brasilien? Diese Frage ist nicht nur für den Wissenschaftler, sondern auch für den Staatsmann von höchstem Interesse.

Häufig liest man in der geographischen Literatur, daß die Mehrheit, wenn nicht die Gesamtheit der europäischen Kolonisten, besonders die Nachkommen der Deutschen, dieses System benutzen. Dies ist ein großer Irrtum! Nach unseren Beobachtungen wird es ungefähr von 5–10 % der europäischen Kolonisten Südbrasiliens angewandt, besonders in der Umgebung der Städte, wo die hohen Preise der landwirtschaftlichen Produkte die notwendige Aufwendung von Arbeitskraft und Kapital rechtfertigen. Es ist wahr, daß man dies hauptsächlich in den deutschen Kolonien antrifft. In meiner Arbeit über die europäische Kolonisation Südbrasiliens nannte ich diese Methode „Fruchtwechsel mit Viehzucht".

Es gibt in Südbrasilien noch ein viertes System für den Getreideanbau. Es besteht im Daueranbau mit Fruchtwechsel. Die „capoeira" fehlt fast vollkommen, genau wie die Viehzucht und die Verwendung von Dünger. Natürlich kann solch ein System nur auf sehr fruchtbaren Böden angewandt werden.

Wir sahen dieses System zum ersten Mal in Dois Irmãos, nördlich der alten Kolonie São Leopoldo in Rio Grande do Sul. Dort werden seit mehreren Jahrzehnten Getreide und Speisekartoffeln nach einem bestimmten Fruchwechsel angebaut, bei dem die Leguminosen eine sehr bedeutende Rolle spielen. Zuerst hielt ich dieses bei den Europäern so ungebräuchliche System für eine lokale Erscheinung, weswegen ich es als „System von Dois Irmãos" bezeichnete. In meinem Artikel über die Kolonisation Südbrasiliens erwähnte ich es nicht besonders.

Später fand ich dasselbe System im Norden Paranás und im gesamten Westen São

Paulos und war überrascht zu beobachten, daß die blühende Landwirtschaft dieses Gebietes auf diesem System des Fruchtwechsels ohne Anwendung von Dünger beruht.

Nur für den Anbau der Baumwolle wird in den letzten Jahren Kunstdünger benutzt.

Heute ist die Besiedlung des Westens São Paulos und Nord-Paranás kaum dreißig Jahre alt, und die Böden sind noch so fruchtbar, daß sie einen Daueranbau erlauben. Die landwirtschaftlichen Methoden sind dieselben wie die der Pionierzeit, deswegen nenne ich dieses System „einfachen Fruchtwechsel".

Die weite Verbreitung und die große Bedeutung dieses Systems macht eine Änderung meiner Klassifikation und Terminologie notwendig. Jetzt nenne ich das „verbesserte Fruchtwechselwirtschaft" was ich vorher „Fruchtwechsel mit Viehzucht" nannte. Hieraus geht die folgende Klassifikation hervor: Landwechsel, unterteilt in einfachen und verbesserten, und Fruchtwechsel, gleichermaßen unterteilt in einfachen und verbesserten.

Diese Systeme werden eine Revision der Klassifikation der Landwirtschaftstypen von Eduard Hahn notwendig machen. Nach diesem Autor ist das Arbeitsinstrument das hauptsächliche Merkmal ihrer Klassifikation. Er spricht also von einer Pflugkultur, von Hackbau etc. Dies ist falsch. Hier in Brasilien lernte ich, daß die Anwendung oder Nicht-Anwendung von Dünger viel wichtiger als das Gerät ist. Früher oder später werde ich eine neue Klassifikation der Landwirtschaftssysteme aufstellen müssen. Um dies jedoch durchführen zu können, muß man noch mehr über die Agrarsysteme wissen, die in Brasilien angewandt werden. Jede Reise bringt neue Überraschungen. Dies war besonders hinsichtlich meiner letzten Reise nach Bahia der Fall.

DER TABAKANBAU IN BAHIA

Der Grund dafür, daß ich den Staat Bahia für meine letzte Exkursion in Brasilien auswählte, war folgender: das Recôncavo von Bahia wurde vor vierhundert Jahren kolonisiert und besitzt ausschließlich landwirtschaftliche Munizipien mit einer Bevölkerungsdichte von mehr als 100 E./qkm, d.h. mit einer größeren Dichte als der jedes anderen Munizips des Staates São Paulo oder Südbrasiliens. Wenn in Brasilien irgend ein intensiver Ackerbau auf Kleinbesitz betrieben wird, ist es dort, wo wir ihn aufsuchen wollten.

Mein erster Eindruck von Bahia war sehr enttäuschend. Um die Stadt Salvador gibt es einen Streifen von 5–10 km Breite, der mit Bananen und Mango bestanden ist, dem nach Westen eine Strecke von fast 40 km „capoeira" folgt, die der Gewinnung von Brennholz dient. Man findet in São Sebastião eine intensive Landwirtschaft; aber sie basiert auf der kapitalistischen Wirtschaft der Zuckerrohrmonokultur. Es folgen bis Feira de Santana Viehfazenden, durchmischt mit kleinen Pflanzungen und „capoeira" – endlich der typische Aspekt Brasiliens!

Die Kulturlandschaft wandelt sich grundlegend, wenn man von Feira de Santana nach Süden in Richtung Cachoeira und des Tabakanbauzentrums São Félix fährt.

Im „Mato Grosso" genannten Gebiet verschwindet der Sekundärwald und gibt Streifen mit Kulturland Raum, die durchgehend darauf folgen; die kleinen „sítios" und die Fazenden breiten sich nach allen Richtungen aus, und entlang der Straße durchfährt man eine Kleinstadt nach der anderen, die durch ihren Aspekt und ihre Funktion an europäische Städtchen erinnern. Überall sieht man Leute auf dem Feld arbeiten, jäten und lange Reihen anlegen, um neue Tabakpflanzen zu setzen. „Hier muß es japanische Kolonisten geben" wird der erste Eindruck jedes Reisenden sein, der vom Süden kommt, um den Nordosten erstmals kennenzulernen.

Aber es sind keine Japaner, die so intensiven Anbau betreiben, aber auch keine Europäer: es sind in der Mehrzahl farbige, aber auch weiße „caboclos", die auf einem Boden, der alle drei Jahre mit Mist gedüngt wird, Tabak pflanzen. Die Besitzstücke sind sehr klein, im allgemeinen nur wenige ha groß, und ihre Besitzer oder Pächter halten kein einziges Stück Vieh und sind so gezwungen, für einen hohen Preis den Dung von den Viehfazenden der Nachbarschaft zu kaufen. Dieser Düngerhandel zwischen den Viehfazenden und den landwirtschaftlichen Kleinbetrieben ist sehr intensiv, und von der Quantität des tierischen Dungs, den jeder Tabakpflanzer kaufen kann, wird die Fläche abhängen, die er bepflanzen kann.

Der Boden ist zu arm, um Tabak ohne Düngung pflanzen zu können. Diese Tatsache wurde von Antonil schon im Jahre 1700 erwähnt. Dennoch ist nach einmaliger Düngung der Boden so fruchtbar, daß er im zweiten Jahr eine Ernte Mais und im dritten noch Maniok hervorbringt. Danach wird das Land wieder gedüngt, und es wird von neuem Tabak gepflanzt. In anderen Worten: hier haben wir nach europäischem Muster eine Fruchtwechselwirtschaft unter Verwendung von Mist, aber mit dem Unterschied, daß es kein Stallmist, sondern Dung aus dem Korral ist, der nicht auf der eigenen Fazenda produziert, sondern gekauft wird.

Dies ändert jedoch nichts an dem Prinzip: es ist eine verbesserte Fruchtwechselwirtschaft in dreijährigem Zyklus, wie dies in Europa sehr verbreitet ist. Zu jedem mit Tabak bepflanzten Feld gehört also folgerichtig ein anderes Feld von mehr oder weniger derselben Größe, das mit Mais und ein drittes, das mit Maniok bepflanzt ist. Die Tabakzone des Recôncavo produziert infolgedessen nicht nur Tabak, sondern auch noch große Ernten von Mais und Maniok, die auf den gleichmäßig bepflanzten Flächen stehen. Daher die große Bevölkerungsdichte dieses Gebietes und die zahlreichen Dörfer, von denen es im kleinen Munizip, Cruz das Almas, mit seien 240 qkm Fläche außer drei Kleinstädten 20 gibt. Dieses Munizip ist wahrscheinlich überbevölkert! Auf jeden Fall findet man hier Bedingungen vor, die ich an keinem anderen Ort Brasiliens antraf, und all das hängt von dem angewandten Landwirtschaftssystem ab.

Wirklich wichtig ist, daß wir uns auf dem 13. südl. Breitengrad in einer Höhe von 200 m ü. NN befinden, also in einem Gebiet, das die Merkmale einer tropischen Niederung besitzt. Ohne auf Einzelheiten einzugehen, möchte ich kurz hervorheben, was ich im Recôncavo von Bahia lernte:

1) Hier haben wir den Beweis, daß Dauerfeldbau und Fruchtwechsel unter Verwendung tierischen Dungs in tropischen Niederungen möglich ist.

Diejenigen, die meinen Vortrag über „Die europäische Kolonisation Brasiliens" auf dem Panamerikanischen Geographiekongreß 1949 hörten, erinnern sich vielleicht, daß ich damals sehr an dieser Möglichkeit zweifelte. Ich zitiere folgende Stelle dieses Vortrags: „Ob die europäische Fruchtwechselwirtschaft mit Düngung mit demselben Ergebnis im tropischen Brasilien angewandt werden kann, kann ich nicht beurteilen. In der landwirtschaftlichen Literatur wird oftmals darauf hingewiesen, daß der tierische Dung in den Tropen infolge der großen Aktivität der Bakterien sich schnell zersetzt und seinen Düngerwert verliert".

Heute habe ich darüber eine andere Meinung, und ich sehe die Möglichkeiten der brasilianischen tropischen Niederungen sehr viel günstiger als früher.

2) Um die Fruchtwechselwirtschaft mit Düngung durchzuführen, benötigt man keine europäischen Kolonisten, wie ich früher annahm, sondern der so oft verachtete brasilianische „caboclo" ist durchaus auch dazu fähig. Im Recôncavo entwickelte er dieses System wahrscheinlich selbst, ohne Hilfe Fremder.

3) Trotz allem ist die wirtschaftliche und soziale Situation des Tabakpflanzers nicht sehr günstig. Es sind in der Mehrzahl Pächter, die sowohl für den Boden als auch für den Dung hohe Preise zahlen müssen. Der von ihnen produzierte Tabak ist von minderer Qualität, und die erzielten Preise sind infolgedessen niedrig. Das Ideale wäre, daß sie Kleinbesitzer mit 20–30 ha Land sein würden und etwas Vieh besäßen und auf diese Weise in den Ställen den notwendigen Mist erhalten könnten. Natürlich fehlt ihnen noch eine bessere Erziehung. Die Erziehung stellt für den Menschen das dar, was die Düngung für den Boden bedeutet. Beides garantiert diejenige Beständigkeit der Arbeit und der Produktion, die die Basis jeder gesunden Wirtschaft bildet.

DAS PROBLEM DES WALDES UND DES CAMPO

Ich könnte noch viele Dinge erwähnen, die ich in Brasilien als Geograph lernte. Zum Schluß möchte ich aber nur noch einen Hinweis geben, der mir von besonderem Wert scheint. Er betrifft die Bedeutung der natürlichen Vegetation, hautpsächlich des Waldes und der Campos, für die Bodennutzung und für die Kolonisation.

Durch meine Erfahrung in Mittelamerika wußte ich, daß in den amerikanischen Tropen der Mensch, ob Indianer oder Europäer, die Waldgebiete vorzieht, ganz in Gegensatz zu dem, was sich im tropischen Afrika abspielt. Ich war jedoch überrascht, hier in Brasilien zu sehen, mit welcher Regelmäßigkeit, um nicht zu sagen „gesetzmäßiger Folge", der Wald als Kulturland und der Campo als Weide genutzt wird. Als ich hier ankam, hatten mir alle gesagt: „Unsere Campos eignen sich nicht für die Landwirtschaft." Wenn man in Betracht zieht, daß vielleicht mehr als die Hälfte der Fläche Brasiliens von Campos eingenommen wird, würde dies etwas sehr Ernstes darstellen, wenn es wahr wäre. Dies ist jedoch glücklicherweise nicht in jeder Beziehung der Fall.

Wenn wirklich bis heute die Campos in Brasilien nicht kultiviert wurden, so mag dies nicht besagen, daß die Böden steril sind, sondern nur, daß sie i.a. weniger fruchtbar sind als die Waldböden und daher Düngung erfordern. Tatsächlich kann das Brandrodungssystem, das bis heute in Brasilien angewandt wird, auf den natürlichen Campos nicht durchgeführt werden. Jedoch ist nicht die Natur für die Vernachlässigung der natürlichen Campos verantwortlich, sondern – wie schon erwähnt – der Widerwille der brasilianischen Fazendeiros gegen die Düngung. Wie in jedem anderen Teil der Welt kann man auch hier in Brasilien die weniger fruchtbaren Böden bepflanzen, indem man intensive Bewirtschaftungsmethoden durchführt.

Ich lernte dies bei meiner ersten Exkursion nach Goiás, als ich sah, wie gut Maniok, Ananas und Baumwolle in einigen Teilen des Campo cerrado gedeihen. Auch auf den Planaltos Südbrasiliens mit ihrem ausgezeichneten Klima herrscht sowohl unter den lusobrasilianischen Fazendeiros als auch unter den zahlreichen europäischen Kolonisten derselbe Glaube vor, daß sich die Campos nicht für die Landwirtschaft eignen. Diese Überzeugung ist meines Erachtens eine richtige Tragödie. So besteht doch seit 1911 eine blühende europäische landwirtschaftliche Kolonie mitten im Campo limpo, eine Tatsache, die noch von niemandem bemerkt worden zu sein scheint. Es handelt sich um die holländische Kolonie Carambeí, die zwischen den Städten Ponta Grossa und Castro im Staate Paraná in einer Höhe von ungefähr 1100 m gelegen ist.

Carambeí ist für das Problem der Landnutzung und der europäischen Kolonisation in Südbrasilien von grundlegender Bedeutung. Es beweist das, worüber sich fast alle Waldkolonisten noch streiten: daß die Bebauung und die Kolonisation der natürlichen Campos wirklich möglich und lohnend ist, wenn ein System intensiver Bewirtschaftung angewandt wird. Das von den Kolonisten von Carambeí benutzte System ist der verbesserte Fruchtwechsel, kombiniert mit der Erzeugung von Milchprodukten. Dazu ist nicht nur Erfahrung sondern auch Kapital notwendig, was die große Mehrzahl der Waldkolonisten nicht besitzt.

Daher regte ich, auf der Erfahrung von Carambeí basierend, die Kolonisation der Gebiete mit gemischter Wald- und Campos-Vegetation, die sich entlang der Eisenbahn São Paulo – Rio Grande erstrecken, mit europäischen Kolonisten an, die zur Anwendung der verbesserten Fruchtwechselwirtschaft befähigt sind. Damit würde sich die landwirtschaftliche Produktion dieses Gebietes beträchtlich erhöhen, besonders die des Weizens und anderer europäischer Kulturpflanzen, und in der Folge würde sich auch der Lebensstandard der gesamten Bevölkerung heben. Wenigstens eine Region Brasiliens hätte dann das jahrhundertealte System der Trennung von Landwirtschaft und Viehzucht beseitigt und würde damit eine neue Ära der Wirtschaftsgeschichte Brasiliens eröffnen.

Diese Hoffnung, die ich bei meinem Vortrag im Dezember 1948 aussprach, ist nicht so phantastisch, wie es vielen schien, und dies wurde mir bei der letzten Reise, die ich im Staate Paraná unternahm, bestätigt.

Nördlich der Stadt Castro liegt die große Fazenda Santa Ângela, deren gesamte Fläche bei meinem ersten Besuch 1948 von Weide eingenommen wurde; die modernen Gebäude der Fazenda erhoben sich kahl mitten im reinen Campo limpo. Im Jahre 1949, als ich dieses Gebiet zum zweiten Male durchfuhr, gab es schon einen großen Landstreifen von gepflügtem Campo limpo entlang der Straße, aber noch ohne Pflanzungen. Aber im März dieses Jahres waren schon 22 ha hauptsächlich mit Mais, Bohnen und Sojabohnen bepflanzt. Der Anbau von Weizen, Roggen und Luzerne ist geplant. Die Düngung wird im wesentlichen mit Kalk und Phosphaten durchgeführt. Es gibt vorläufig noch keinen geregelten Fruchtwechsel, man benötigt noch einige Erfahrung. Der Verwalter der Fazenda, ein europäischer Agronom, berichtete uns, daß auch andere Fazenden in der Umgebung schon mit der Bepflanzung der Campos limpos begonnen hätten.

Auf alle diese Erfahrungen gestützt, sehe ich die zukünftige Entwicklung Brasiliens mit mehr Optimismus als zu Beginn meiner Reisen und wie viele Brasilianer und Ausländer glauben. Dazu gehört weder ein übertriebener Optimismus, noch ein unangebrachter Pessimismus. Unsere Aufgabe ist es, die Dinge so zu sehen, wie sie in Wirklichkeit sind. Aber dazu sind das Geländestudium und der theoretische Entwurf notwendig, für deren Gesamtheit an Einzelfakten wir ein Ordnungsprinzip aufstellen können. Folglich ist meiner Meinung nach zur Lösung der Probleme eines noch nicht entwickelten Landes, wie es Brasilien gegenwärtig darstellt, keine andere Wissenschaft berufener als die Geographie.

Glücklicherweise besitzt Brasilien im Conselho Nacional de Geografia eine in der Welt einmalige Institution mit Möglichkeiten und Fachleuten, um die geographische Wissenschaft in den Dienst der Lösung der großen Probleme der Nation zu stellen. Zum Schluß drücke ich meinen Wunsch aus, daß der Conselho Nacional de Geografia unter der dynamischen Leitung von Dr. Christovam Leite de Castro das vor 12 Jahren begonnene Werk mit Erfolg weiterführen und große Arbeiten für die Zukunft Brasiliens verwirklichen möge.

   Der Conselho Nacional de Geografia:
    Vivat, crescat, floreat!

SCHRIFTENVERZEICHNIS VON LEO WAIBEL

1912 Physiologische Tiergeographie, in: Geographische Zeitschrift 18, 1912, H. 3, S. 163–165.

1912 Von Joko nach Jaunde, in: Deutsche Kolonialzeitung. Jg. 29, Nr. 39, 1912, S. 663/664.

1912 Vegetationsbilder von West-Tikar aus der Trockenzeit, in: Deutsche Kolonialzeitung, Jg. 29, Nr. 27, 1912, S. 472–473.

1913 Lebensformen und Lebensweise der Tierwelt im tropischen Afrika, in: Mitteilungen der Geographischen Gesellschaft in Hamburg, 27, 1913, S. 1–75.

1914 Der Mensch im Wald und Grasland von Kamerun, in: Geographische Zeitschrift 20, 1914, H. 3, S. 145–158; H. 4, S. 208–221; H. 5, S. 275–285.

1914 Von Nkongsamba nach Bamum, in: Thorbecke, F.: Im Hochland von Mittelkamerun, Teil 1. Abhandlungen des Hamburgischen Kolonialinstituts, Bd. 21, 1914, Kap. 2, S. 7–14.

1914 Von Ngambe nach Linde, in: Thorbecke, F.: Im Hochland von Mittelkamerun, Teil 1. Abhandlungen des Hamburgischen Kolonialinstituts, Bd. 21, 1914, S. 37–45.

1920 Der Mensch im südafrikanischen Veld, in: Geographische Zeitschrift 26, 1920, S. 26–50 und S. 79–89.

1920 Beiträge zur Landeskunde von Deutsch-Südwestafrika (Contributions to a regional geography of German southwest Africa), ed. F. Jäger, in: Mitt. aus den Dt. Schutzgebieten. Erg.H. 14, 80 pp.

1921 Urwald, Veld und Wüste. Breslau, Hirt, 1921, 208 S., 2. Aufl. unter dem Titel „Vom Urwald in die Wüste", 1928.

1921 Die periodisch-trockenen Vegetationsgebiete des tropischen Afrika, in: Veröffentlichungen des 20. Deutschen Geographentages zu Leipzig 1921. Berlin, S. 148–158.

1921 Das südliche Namaland, in: 12 länderkundliche Studien. Von Schülern A. Hettners ihrem Lehrer zum 60. Geburtstage. Breslau, Hirt, 1921, S. 313–347.

1921 Zusammen mit Jaeger, Fritz: Beiträge zur Landeskunde von Südwestafrika, in: Mitteil. aus d. Deutschen Schutzgebieten. Erg. Heft Nr. 15. Berlin 1921, 138 S.

1922 Die Viehzuchtgebiete der südlichen Halbkugel, in: Geographische Zeitschrift 28, 1922, S. 54–74.

1922 Winterregen in Deutsch-Südwest-Afrika. Eine Schilderung der klimatischen Beziehungen zwischen atlantischem Ozean und Binnenland, in: Hamburgische Universität. Abhandlungen aus dem Gebiet der Auslandskunde, Bd. 9, Reihe C, Bd. 4. Hamburg 1922, 112 S.

1925 Gebirgsbau und Oberflächengestalt der Karrasberge in Südwest-Afrika, in: Mitteilungen aus den deutschen Schutzgebieten. Berlin 1925, 33. Bd., 1. Heft, S. 2–38; 2. Heft, S. 81–114.
1926 Südwestafrika, in: Zeitschrift für Geopolitik 1926, S. 187–200.
1927 Die nordwestlichen Küstenstaaten von Mexico, in: Geographische Zeitschrift 33, 1927, S. 561–576.
1928 Die Sierra Madre de Chiapas, Vortrag auf dem 22. Deutschen Geographentag in Karlsruhe 1927. Breslau 1928.
1928 Beitrag zur Landschaftskunde, in: Geographische Zeitschrift 34, 1928, S. 475–486. Dazu Erwiderung von Rudolf Ahrens, ebenda 35, 1929, S. 166–168 und Entgegnung Waibels, ebenda, S. 168–170.
1928 Die Inselberglandschaft von Arizona und Sonora, in: Jubiläumsband der Zeitschrift der Gesellschaft für Erdkunde zu Berlin, 1928, S. 68ff.
1928 Reisen und Forschungen in Mexico, in: Forschungen und Fortschritte, 4, H. 16, 1928, S. 164.
1929 Die wirtschaftsgeographische Gliederung Mexikos, in: Geographische Zeitschrift 35, 1929, S. 416–439.
1930 Die wirtschaftsgeographische Gliederung Mexikos, in: Festschrift für A. Philippson. Leipzig u. Berlin, 1930, S. 32–55.
1930 Widmung für A. Philippson, in: Festschrift für A. Philippson zu seinem 65. Geburtstag. Leipzig u. Berlin 1930, S. 1–2.
1931 Das neue Geographische Institut der Universität Bonn, in: P.M. 77, 1931, S. 32.
1932 Norder und Föhn in der Sierra Madre de Chiapas, in: Meteorologische Zeitschrift, 1932, S. 254ff.
1933 Die Wirtschaftsform des tropischen Plantagenbaus. 92. Vers. Ges. Dt. Naturf. und Ärzte. Berlin 1933, S. 160–161.
1933 Die Geographie und das Geographische Institut. In: Geschichte der Rhein. Fried. Wilh.-Univers. Bonn, Bd. 2, 1933, S. 319–324.
1933 Probleme der Landwirtschaftsgeographie. Wirtschaftsgeographische Abhandlungen. Herausgegeben von Leo Waibel, Nr. 1, Breslau 1933.
1933 Die Sierra Madre de Chiapas, in: Mitteilungen der Geographischen Gesellschaft Hamburg, Bd. 43. Hamburg 1933, S. 12–162.
1933 Was verstehen wir unter Landschaftskunde?, in: Geographischer Anzeiger 1933, S. 197–207.
1933 Zum Studium der Wirtschaftsgeographie, in: Pädagogische Warte, Jg. 40, 1933.
1934 Hans Spethmanns Werk über das Ruhrgebiet, in: Geographische Zeitschrift, Jg. 40, 1934, S. 256–262.
1935 Probleme der Landwirtschaftsgeographie, in: Verhandlungen und wissenschaftliche Abhandlungen des 25. Deutschen Geographentages in Bad Nauheim 1934. Breslau 1935, S. 100–117.
1935 Das geographische Lebenswerk von Thies Hinrich Engelbrecht, in: Geographische Zeitschrift, Jg. 41, 1935, S. 169–180.

1936 Sierra Madre de Chiapas, in: Histoire de Guatemala, Annales de la Sociedad de Geografia e Historia. Guatemala, 12, 1935/36, S. 69–77.
1937 Die Rohstoffgebiete des tropischen Afrika. Leipzig 1937, 424 S.
1938 Naturgeschichte der Northers, in: Geographische Zeitschrift, Jg. 44, 1938, S. 408–427.
1938 Polare Luft stößt in die mittelamerikanischen Tropen vor, in: Umschau in Wissenschaft und Technik, Jg. 42, H. 39. Frankfurt 1938, S. 889–892.
1939 White Settlement in Costa Rica, in: Geographical Review 29, 1939, S. 529–560.
1941 The Tropical Plantation System, in: Scientific Monthly, vol. 52, 1941, pp. 156–160.
1942 The Climate Theory of the Plantation. A Critique, in: Geographical Review 32, 1942, S. 307–310.
1943 Place Names as an Aid in the Reconstruction of the Original Vegetation of Cuba, in: Geographical Review 33, 1943, S. 376–396.
1943 The Political Significance of Tropical Vegetable Fats for the Industrial Countries of Europe, in: Annals of the Association of American Geographers, Vol. 33, 1943, S. 118–128.
1946 La Sierra Madre de Chiapas. Mexico 1946.
1947 Uma Viagem de Reconhecimento ao Sul de Goiás, in: Revista Brasileira de Geografia (Rio de Janeiro), Ano 9, No. 3, 1947, S. 313–342.
1947 Viagem de reconhecimento ao sul de Goiás. (132ª tertúlia realizada a 17.12.1946), in Boletim Geográfico (Rio de Janeiro), 4, 1947, S. 1498–1500.
1947 O sistema das plantações tropicais, in: Boletim Geográfico, 5, 56, 1947, S. 896–900.
1948 A Teoria de von Thünen sobre a Inflûencia da Distância do Mercado relativamente a Utilização da Terra, in: Revista Brasileira de Geografia, 1948, S. 1–40 (Anwendung der Theorie auf Costa Rica).
1948 A vegetação e o uso da terra no Planalto Central, in: Revista Brasileira de Geografia, 10, 3, 1948, S. 335–380.
1948 A Elaboração de um novo Mapa de Vegetação do Brasil, in: Revista Brasileira de Geografia, Ano 10, No. 2, 1948, S. 301–304.
1948 Vegetation and Land Use in the Planalto Central of Brazil, in: Geographical Review 38, 1948, S. 529–554.
1949 Afrikanische Landschaften (Auszüge aus „Vom Urwald zur Wüste", 1928 bearb. von W. Grotelüschen), in: Die Laterne. Arbeitsmittel f. Volks-, Mittel- und Oberschulen. Oldenburg 1949, 32 S.
1949 Princípios da Colonização Européia no Sul do Brasil, in: Revista Brasileira de Geografia, Ano 11, No. 2, 1949, S. 159–222.
1949 A Colonizacão dos Campos do Estado do Paraná. C.R. Congrès Int. de Géographie, Lisbonne 1949, t. IV, Lisbonne 1952, S. 61–66.
1950 European Colonization in Southern Brazil, in: Geographical Review 1950, S. 529–547.
1950 O que aprendi no Brasil (Was ich in Brasilien lernte). Abschiedsvortrag im

Instituto Brasileiro de Geografia e Estatistica (17.8.1950), in: Revista Brasileira de Geografia, Ano 12, No. 3, 1950, S. 419–428.

1955 Europäische Kolonisation Südbrasiliens, in: Colloquium Geographicum 4, Bonn 1955, 152 S. (bearb. u. mit einem Vorwort versehen von G. Pfeifer).

1955 As Zonas Pioneiras do Brasil, in: Revista Brasileira de Geografia, Ano 17, No. 4, 1955, S. 389–422.

1958 Capítulos de Geografia Tropical e do Brasil. Rio de Janeiro, Conselho Nac. de Geografia, 1958, 307 S.

1959 a) Voraussetzungen europäischer Kolonisation in Brasilien, in: Landerschließung u. Kolonisation in Lateinamerika (Hrsg. J. Schauff). Berlin-Bonn, 1959, S. 133–136 (Zusammenfassung aus: L. Waibel: Die europäische Kolonisation Südbrasiliens).

b) Holländische Kolonien: Carambeí, in: Landerschließung und Kolonisation in Lateinamerika (Hrsg. J. Schauff). Berlin-Bonn, 1959, S. 193/195 (Zusammenfassung aus: Die europäische Kolonisation Südbrasiliens).

1961 Determinismo geográfico e geopolítica (Contribuição ao problema da mudança da capital). Bol. Geogr., 19, 164, S. 612–617.

1965 Urwald, Feld, Wüste, Darmstadt (Wiss. Buchgesellschaft). (Unveränderter reprographischer Nachdruck der Ausgabe Breslau 1921).

GRÖSSERE REZENSIONEN:

1928 Zu: G. Hörner: Die Waldvölker, Versuch einer vergleichenden Anthropogeographie. – 1927, in: Geographische Zeitschrift, 34, 1, S. 52–54.

1939 Zu: A. Bernard: Afrique septentrionale et occidentale. Géographie Universelle, Bd. 11 (Paris), und F. Maurette: Afrique équatoriale, orientale et australe. Géographie Universelle, Bd. 12 (Paris), in: Geographical Review, 29, 1939, S. 690–693.

NACHRUFE AUF LEO WAIBEL UND ARBEITEN ÜBER LEO WAIBEL

1950 Corrêa Filho, Virgílio: A lição de despedida do Prof. Leo Waibel, in: Boletim Geográfico, 8, 89, S. 597–599.

1951 ohne Autor: Leo Heinrich Waibel, in: Boletim Carioca de Geografia (Rio de Janeiro), 4, 2–4, S. 73–74.

1952 Broek, Jan O.M.: Leo Heinrich Waibel. An Appreciation, in: Geographical Review 42, 1952, S. 287–292.

1952 Müller-Wille, Wilhelm: Leo Waibel und die deutsche geographische Landesforschung, in: Berichte zur Deutschen Landeskunde 21, 1952, S. 58–71.

1952 Pfeifer, Gottfried: Das wirtschaftsgeographische Lebenswerk Leo Waibels, in: Erdkunde VI, H. 1, 1952, S. 1–20.

1952 Schmithüsen, J.: Leo Waibel, in: Die Erde 1952, S. 99–107.

1952 Bernardes, Nilo: Leo Waibel, in: Revista Brasileira de Geografia, 14, 2, S. 199–201.
1953 Pfeifer, G.: Landwirtschaftliche Betriebssysteme und Kolonisationserfolg in Südbrasilien auf Grund der Forschungen von Leo Waibel (Agricultural systems and successful colonization in Southern Brazil on the basis of Leo Waibel's research), in: Erdkunde, 7, pp. 241–249.
1953 Schmitthenner, Heinrich: Leo Waibel (22.2.1888–4.9.1951), in: Petermanns Mitteilungen 1953, S. 161–169 (mit Ergänzung).
1955 Pfeifer, Gottfried: Leo Waibels Arbeiten zur Kolonisation in Brasilien, in: Colloquium Geographicum, Bd. 4, Bonn 1955, S. 7–18.
1956 Sternberg, Hilgard O'Reilly: Comentário Bibliográfico zu: L. Waibel: Die europäische Kolonisation Südbrasiliens, in: Boletim Carioca de Geografia, 9, 1 und 2, S. 73–78.
1958 Valverde, Orlando: Apresentação, in: Waibel, L.: Capítulos de geografia tropical e do Brasil, Rio de Janeiro 1958, S. V–VIII.
1959 Dickenson, R.E.: Leaders of the third generation: Leo Waibel, in: The Makers of Modern Geography, London, pp. 153–155.
1963 Pfeifer, Gottfried: Leo Waibel. Gedenkworte zum 75. Geburtstag, in: Geographische Zeitschrift, 51, 4, S. 265–267.
1968 Troll, Carl: Leo Waibel (1888–1951), in: Biographische Beiträge zur Geschichte der Universität Bonn. Bd. Naturwissenschaften. Bonn 1968.
1968 Troll, C.: Leo Waibel. Zum Gedächtnis, in: Erdkunde 22,1, pp. 63–65 mit Schriftenverzeichnis, zusammengestellt von J. Holmann, G. Kohlhepp, G. Pfeifer und C. Troll.
1971 Pfeifer, Gottfried (Hrsg.): Symposium zur Agrargeographie. Veranstaltet vom Geographischen Institut der Universität Heidelberg, anläßlich des 80. Geburtstages von Leo Waibel am 22.2.1968. – Heidelberger Geograph. Arbeiten, Heft 36, Heidelberg.
darin:
Pfeifer, G.: Einführung; Schlußbetrachtung S. 1–4, 88–90.
Müller-Wille, W.: Leo Waibel und seine Schule – ihre Bedeutung für die methodische Begründung der Agrargeographie in Deutschland, S. 5–12.
Tichy, F.: Die Schule Leo Waibels und die Erforschung der historischen Agrarlandschaften. Grundsätzliche und methodische Gesichtspunkte, S. 13–25.
Schmithüsen, J.: Der Formationsbegriff und der Landschaftsbegriff in der Wirtschaftsgeographie, S. 26–34.
Hottes, K.: Wie läßt sich der von Waibel für die Landwirtschaftsgeographie entwickelte Formationsbegriff für die Industriegeographie verwenden?, S. 35–41.
Nitz, H.J.: Begriffliche Erfassung kleinräumiger Nutzungseinheiten innerhalb einer Landwirtschaftsformation, S. 42–59.
Otremba, E.: Aufgaben und methodische Grundsätze bei der Behandlung der Viehwirtschaft in der Wirtschaftsgeographie und Länderkunde. Waibels

„Viehzuchtgebiete" als Ansatz, S. 60–67.
Uhlig, H.: Bäuerliche Sozialgruppen als Gegenstand agrargeographischer Forschung bei Leo Waibel und die von dessen Arbeiten ausgehenden methodischen Anregungen, S. 68–79.
Ruppert, K.: Sozialgeographische Aspekte bei Waibel und die heutige Bedeutung der sozialgeographischen Betrachtungsweise für die Agrargeographie, S. 80–87.
Borcherdt, Ch.: Waibels Bedeutung für die Entwicklung der theoretischen Fragestellungen in der Agrargeographie, S. 91–95.
Manshard, W.: Aspekte der wirtschaftsräumlichen Großgliederung der Tropen – dargestellt am Beispiel von Leo Waibel „Die Rohstoffgebiete des tropischen Afrika", S. 96–102.
Valverde, O.: Der Beitrag Leo Waibels zur brasilianischen Geographie (übers. von G. Kohlhepp), S. 120–128.
Waibel, L.: Brief aus Costa Rica vom 14.3.1938: Die Erarbeitung der „Thünenschen Ringe" in Costa Rica aus den Feldbeobachtungen, S. 114–119.

1981 Pfeifer, Gottfried: Leo Waibel, in: Freeman, T.W. (ed.): Geographers. Biographical Studies, vol. 6, pp. 139–147.

PUBLIKATIONSNACHWEISE

1) Vegetation und Landnutzung auf dem Planalto Central
   Originaltitel: A vegetação e o uso da terra no Planalto Central
   In: Revista Brasileira de Geografia (Rio de Janeiro), *10,* 3, 1948, S. 335–380

2) Die Grundlagen der europäischen Kolonisation in Südbrasilien
   Originaltitel: Princípios da colonização européia no Sul do Brasil
   In: Revista Brasileira de Geografia, *11,* 2, 1949, S. 159–222

3) Die Pionierzonen Brasiliens
   Originaltitel: As zonas pioneiras do Brasil
   In: Revista Brasileira de Geografia, *17,* 4, 1955, S. 389–422

4) Was ich in Brasilien lernte
   Originaltitel: O que aprendi no Brasil
   In: Revista Brasileira de Geografia, *12,* 3, 1950, S. 419–428

Übersetzungen: Prof. Dr. Gerd Kohlhepp, Geographisches Institut, Universität Tübingen